AF098625

www.ingramcontent.com/pod-product-compliance
Lightning Source LLC
LaVergne TN
LVHW011944070526
838202LV00054B/4797

کیف و کم

(مزاحیہ مضامین)

مصنف:

یوسف ناظم

© Yusuf Nazim
Kaif-o-Kam *(Humorous Essays)*
by: Yusuf Nazim
Edition: April '2024
Publisher :
Taemeer Publications LLC (Michigan, USA / Hyderabad, India)

ISBN 978-81-19022-98-4

مصنف یاناشر کی پیشگی اجازت کے بغیر اس کتاب کا کوئی بھی حصہ کسی بھی شکل میں بشمول ویب سائٹ پر اَپ لوڈنگ کے لیے استعمال نہ کیا جائے۔ نیز اس کتاب پر کسی بھی قسم کے تنازع کو نمٹانے کا اختیار صرف حیدرآباد (تلنگانہ) کی عدلیہ کو ہو گا۔

© یوسف ناظم

کتاب	:	**کیف وکم** (مزاحیہ مضامین)
مصنف	:	**یوسف ناظم**
صنف	:	طنز ومزاح
ناشر	:	تعمیر پبلی کیشنز (حیدرآباد، انڈیا)
سالِ اشاعت	:	۲۰۲۴ء
صفحات	:	۱۵۸
سرورق ڈیزائن	:	تعمیر ویب ڈیزائن

فہرست

(۱)	تعارف	7
(۲)	مرزا غالب کی صحت جسمانی	15
(۳)	قواعد اردو	22
(۴)	موت	36
(۵)	سالانہ رپورٹ	43
(۶)	گرہست شاستر	50
(۷)	صحت اور زندگی	63
(۸)	چوٹی کانفرنس	71
(۹)	بارات	76
(۱۰)	آیئے کچھ باتیں ہوجائیں	81
(۱۱)	گفتگو	87
(۱۲)	ادبیات	110
(۱۳)	مجرب نسخے	120
(۱۴)	نثر میں ایک نوحہ	128
(۱۵)	شعر گوئی	134
(۱۶)	مواعظ مولانا یوسف ناظم	140
(۱۷)	شہریت	148

میکشؔ مرحوم

کی یاد میں

صاحبزادہ میر محمد علی خاں میکشؔ

تعارف

یوسف ناظم کا پہلا مضمون جو میری نظر سے گزرا وہ غالب کی جسمانی صحت بلکہ عدم صحت کے بارے میں تھا۔ اُس وقت تک میری ملاقات یوسف ناظم سے نہ ہوئی تھی۔ گزشتہ دنوں اچانک ایک تقریب میں اُن سے ملاقات ہوگئی تو معلوم ہوا کہ صحت کے معاملہ میں یوسف ناظم بھی "غالب کے طرفدار" ہیں۔ بعد میں معلوم ہوا کہ شاعر بھی ہیں اور شاعروں کی نازک بدنی تو مشہور ہے (پنجابی اور پٹھان شاعروں کو چھوڑ کر) اس لئے یہ سوچ کر اطمینان ہوا کہ یوسف ناظم کی نازک بدنی کسی عارضہ کا نتیجہ نہیں بلکہ غور و فکر کا ممکن ہے یہ دھان پان کی کیفیت اُن کے کام کی نوعیت کی وجہ سے ہو۔ موصوف اسسٹنٹ لیبر کمشنر ہیں۔ اس لئے ممکن ہے قوم کے غم میں گھلے جاتے ہوں اور لیڈر کی طرح ڈنر بھی نہ کھاتے ہوں۔ اور توازن برقرار رکھنے کے لئے مزاح نگاری کو اختیار کیا ہو۔ گو وہ یہی کہتے ہیں کہ مزاح نگاری کو انہوں نے پہلے اختیار کیا اور صاحب اختیار بعد میں بنے۔ کچھ بھی ہو اُن کی مزاح نگاری میں جو اختصار، جامعیت اور احتیاط پائی جاتی ہے وہ اُن کی نازک بدنی کا ایک حصہ یا نتیجہ معلوم ہوتی ہے۔

ظرافت میں اختصار بہت مشکل کام ہے۔ لکھنے والے بالعموم لکھے چلے جاتے ہیں۔ اللہ توکل۔ اس سہارے پر کہ کہیں نہ کہیں اُن کے قلم سے ایک آدھ جملہ تو ایسا نکل ہی آئے گا جو لوگوں کو ہنسا دے گا۔ نتیجہ میں مضمون بے حد طویل ہو جاتا ہے اور قاری محظوظ ہونے کی بجائے بور ہونے لگتا ہے۔ اکثر مزاحیہ مضامین پڑھتے ہوئے گمان ہوتا ہے کہ الفاظ کا صحرائے کالا ہاری ہے جو ریت بکھیرتا ہوا چلا جا رہا ہے جس میں کہیں کہیں مزاح کے نخلستان آباد ہیں۔ یوسف ناظم کی تحریریں آپ کو ریت کم ملے گی نخلستان زیادہ ملیں گے۔ غالباً اس باب میں اُن کی شاعری کا تجربہ اُن کے کام آیا ہے۔ کیونکہ شاعری میں نثر نگاری سے کہیں زیادہ اختصار سے کام لینا پڑتا ہے۔ یوسف ناظم کے ہاں بہت کم ایسے جملے ملیں گے جو بلا ضرورت لکھے گئے ہوں۔

یوسف ناظم شستہ و رفتہ ظرافت کے قائل معلوم ہوتے ہیں کہیں کہیں وہ ہنسی کی پھلجھڑیاں ضرور چھوڑتے ہیں۔ مگر اُن کا مزاح گراں بار قہقہوں کا متحمل نہیں ہو سکتا۔ اُن کی ظرافت کا معیار متین، شائستہ اور مہذب ہے جو بلند بانگ دیہاتی قہقہوں کے بجائے ہونٹوں پر مسکراہٹ لاتا ہے اور ہنسوڑ ہونے کے بجائے خوش خنداں ہونے پر زیادہ زور دیتا ہے۔ اور اس طرح قاری کے ذہن کو غور و فکر کی طرف مائل کرتے ہوئے اس مرکزی بات کی طرف متوجہ کرتا ہے جو ہنسی کے پردے میں کہی گئی ہے۔ اختصار کے فن میں وہ پطرس کے قریب ہیں اور اپنے اسلوب کے مزاج کے اعتبار سے رشید احمد صدیقی کے طرفدار نظر آتے ہیں۔ اور یہ دونوں مدرسۂ فکر مزاح کے

باب میں ایک دوسرے سے اس قدر الگ الگ اور دور دور ہیں کہ حیرت ہوتی ہے کہ یوسف ناظم نے کیسے ان دونوں کی خوبیوں کو اپنی تحریر میں یکجا کر دیا ہے کہ وہ بالکل ایک نئی چیز معلوم ہوتی ہے۔

مزاح نگاری کے فن میں "کیلے کے چھلکے" کو ایک خاص اہمیت حاصل ہے۔ غیر متوقع طور پر جب قدموں کے نیچے کیلے کا چھلکا آجاتا ہے تو اس وقت آدمی کس کس طرح پھسلتا کھا کر گرتا ہے اور تماشائی اس سے کس طرح محظوظ ہوتے ہیں ظرافت کے فن میں ایک مسلّمہ تجربہ ہے۔ جو کبھی ناکام نہیں ہوتا۔ مزاح نگار یہ تو نہیں کر سکتا کہ خود جسمانی طور پر قاری کے قدموں تلے کیلے کے چھلکے رکھتا چلا جائے لیکن وہ فکری طور پر ایسا کرنے کی کوشش ضرور کرتا ہے کہ پڑھنے والے کو چند لمحوں کے لئے سیدھی سپاٹ نثر سے گزار دے اور اسے اطمینان دلا دے کہ راستہ صاف ہے۔ چلے بے خوف و خطر آگے بڑھتے ہوئے بلکہ بڑھتے ہوئے یکایک قاری کے ذہن کے قدموں کے نیچے وہ کیلے کا چھلکا آجاتا ہے اور اچانک قاری کا ذہن وہ پھسلنے لگتا ہے جس سے ظرافت پیدا ہوتی ہے اور کبھی کبھی زخم بھی پیدا ہوتا ہے۔ مگر یہاں چونکہ چوٹ ذہنی ہوتی ہے اس لئے برلب سڑک تماشائیوں کے تفنن کا کوئی انتظام نہیں ہوتا۔ یہاں قاری خود ہی چوٹ کھاتا ہے اور خود ہی اس پر ہنستا ہے۔ اور اگر صاحب ذوق ہے تو مزاح نگار کی سادگی و پرکاری کی داد بھی دیتا ہے۔ یوسف ناظم کے ہاں آپ کو ان کی تحریروں میں بہت سے ایسے مقام ملیں گے جن کی نشان دہی میں اس تعارف میں جان بوجھ کے

نہیں کر رہا ہوں۔ ورنہ آپ ہوشیار ہو جائیں گے۔ اور ہوشیار آدمی بالعموم بڑے تنگ دل ہوتے ہیں، وہ پہلے ہی سے طے کر لیتے ہیں کہ ہم تو ہنسیں گے ہی نہیں۔ اور چاروں طرف دیکھ کر چوکنے ہو کر چلیں گے اور ہر قدم پھونک پھونک کر رکھیں گے۔ ایسے آدمی تجارت کے میدان میں بہت کامیاب رہتے ہیں لیکن ظرافت کے دائرے میں غبی ثابت ہوتے ہیں۔ مزاحیہ تحریر کو پڑھنے کا بہترین طریقہ یہ ہے کہ اسے تقریباً خالی الذہن ہو کر شروع کیجئے اور بے جھجک تحریر کی پٹری پر رواں ہو جائیے۔ پھر یخنی کھانے کا مزا آئے گا!۔

کنہیا لال کپور کی طرح یوسف ناظم بھی کسی خاص ازم کے قائل معلوم نہیں ہوتے۔ وہ اپنے مزاح کا خمیر تو زندگی ہی سے اٹھاتے ہیں لیکن اسے کسی معین رجحان کی طرف موڑنے سے احتراز کرتے ہیں۔ ان کے لئے خیال یا زندگی کا ہر وہ واقعہ ہدف ہے جس سے مزاح پیدا ہو سکے۔ چاہے وہ بیچ گیگارین کی خلاء میں پرواز ہو یا حاکم کی رشوت خوری۔ وہ زندگی کی گوناگوں اور بوقلموں کیفیتوں سے مضحک پہلو تلاش کر لیتے ہیں۔ اور ان کے عجب کو قاری کے سامنے لے آتے ہیں۔ ان کے لئے کوئی ازم اس حد تک مقدس نہیں ہے کہ اس سے مزاح نہ پیدا کیا جا سکے۔ مولوی کے وعظ سے لے کر موت تک، وہ ہر شئے پر مسکرا سکتے ہیں۔ مگر یہ مسکراہٹ کسی دل آزاری میں تبدیل نہیں ہوتی۔ کیونکہ یوسف ناظم کے مزاح کی شائستگی بعض اوقات ہمیں [illegible] لا تری کے خلاف معلوم ہوتی ہے۔ وہ محض ہنسنے کی خاطر ہنسنا اچھا سمجھتے ہیں۔

شاید اس خیال کے زیر نظر کہ اس دنیا میں اتنے دکھ ہیں، اتنے مصائب ہیں، اور اتنی مجبوریاں ہیں کہ اُن سے عہدہ برآ ہونے کا ایک طریقہ یہ بھی ہے کہ اُن پر دو گھڑی کے لئے ہنس لیا جائے۔ کبھی کبھی ایسی ہنسی آنسوؤں کے بہت قریب ہوتی ہے۔ اور پست ہمتی کا باعث ہوتی ہے لیکن یوسف ناظم کی ظرافت پست ہمت نہیں ہے۔ وہ جوان، زندہ دلاں بخش ظرافت معلوم ہوتی ہے اور بظاہر کسی ازم کی قائل نہ ہو کر بھی انسانیت کا مذاق نہیں اُڑاتی۔۔ بلکہ ہلکے ہلکے طنزیہ کچوکوں سے شگفتہ جملوں سے اور باریک نشتر زنی سے کہیں کہیں ہماری سماجی زندگی پر تنقید بھی کرتی جاتی ہے لیکن یہ تنقید کبھی اوچھی نہیں ہوتی۔ دل آزار نہیں ہوتی۔ ایسی گہری بھی نہیں ہوتی کہ زخموں کے ٹانکے اُدھیڑ دے۔ کامل ضبط و احتیاط سے یوسف ناظم زندگی کی تلخ حکایتوں اور حقیقتوں کی طرف ہلکے ہلکے خیال افروز اشارے کرکے قاری کو اُس کے حال پر چھوڑ دیتے ہیں۔ یوسف ناظم شریفانہ مزاح کے قائل ہیں جیں جارحانہ کا لیکن یوسف ناظم کبھی صبر اور احتیاط کا دامن ہاتھ سے نہیں چھوڑتے اور ظرافت میں لطافت کے قائل نظر آتے ہیں۔ اُس سے ایک فائدہ تو ہوا ہے انہیں۔ اور وہ یہ کہ اپنے مزاح کو وہ بوجوہ ایک بلند سطح پر رکھنے میں کامیاب ہوئے ہیں گو یہ جی چاہتا ہے کہ کبھی کبھی تو وہ اپنے صبر و شکیب کے حصار کو توڑ کر ہم لوگوں کی سطح پر اتر آیا کریں۔ اور اپنی ظرافت میں غصہ بھر کر اس قسم کا " زہر خند" تخلیق کریں جس کی ایک اچھی مثال اُن کے اس مجموعہ میں شامل ہے جس کا عنوان انہوں نے رکھا ہے " ترشیں ایک توحہ "

بظاہر یہ نوحہ میجر گگارین کی خلائی پرواز سے متاثر معلوم ہوتا ہے۔ لیکن در اصل یہ نوحہ تھرڈ کلاس کے سفر کی مصیبتوں کے بارے میں ہے۔ یہاں یوسف ناظم کے دامن صبر و شکیب کے پرخچے اُڑ گئے ہیں۔ زہرناکی کی شدت ملاحظہ فرمائیے:۔

"میجر گگارین کی شہرت ہمارے نزدیک لایعنی ہے۔ ذرا اُن سے تھرڈ کلاس میں (ہندوستان کے تھرڈ کلاس) سفر کرنے کے لئے کہیے تو پتہ چلے گا کہ موصوف کتنے پانی میں ہیں۔ انھوں اعلیٰ قسم کی تربیت پانے اور ایک سے ایک قیمتی ٹانک کھانے کے بعد نہایت آرام اور تزک و احتشام کے ساتھ خلا کے سفر پر روانہ ہونا اور وہاں سے بامراد واپس ہوتا کونسا ایسا معرکہ سر کرنا ہے جس کی اتنی دھوم دھام ہے۔ کیا میجر موصوف کبھی کھڑکی میں اُلٹے لٹک کر ٹرین کے ڈبے میں سوار ہوئے ہیں۔ ایک مرتبہ ایسا کرنے جائیں تو سارا کھایا پیا ناک کے راستے نکل آئے اور میجری دھری کی دھری رہ جائے اور صرف ٹرین کے ڈبے میں داخل ہو جانا کافی نہیں۔ انہیں یا تو اپنا بستر اپنے سر پر رکھ کر لیٹرن کے نزدیک کھڑا رہنا ہوگا یا اگر کہیں پھنس پھنسا کر بیٹھ بھی گئے تو اُن پر مزید دو مسافر اور سوار ہوں گے اور بہم سانس کی آمد و شد کے لئے آکسیجن مہیا نہ ہوگی۔ اس حالت میں انہیں کم سے کم اٹھارہ گھنٹے سفر کرنا ہوگا۔ یہ نہیں کہ چند منٹ خلا میں رہ کر واپس ہوگئے۔ ٹکٹ کے دام اپنی گرہ سے ادا کرنے ہونگے اگر وہ منزل مقصود پر بخیر و عافیت پہنچ گئے تو انہیں میجر سے برگیڈیر بنا دینے کا ہمارا ذمہ!" پورا مضمون اس غضب ناک شدت سے لکھا گیا ہے کہ معلوم ہوتا ہے ہندوستانی ریلوے کی کسی تھرڈ کلاس سیٹ پر بیٹھ کر لکھا گیا ہے پڑھ کر

ہنسی بھی آتی ہے رونا بھی آتا ہے۔ اور تھرڈ کلاس کے سفر کی ایک مکمل اور مضحک تصویر میجر گگارین کی خلائی پرواز کے پس منظر میں شدت سے اُبھرتی ہے۔

یوسف ناظم فن کے معاملہ میں مُبتدی نہیں ہیں گو زیرِ نظر مجموعہ اُنکی نئی کاوشوں کا پہلا مجموعہ ہے لیکن فنی اعتبار سے وقیع اور پختہ ہے۔ یوسف ناظم ظرافت نگاری کے داؤ پیچ اور اس فن کی تکنیک سے بخوبی واقف معلوم ہوتے ہیں اُن کے مضامین پڑھ کر یہ احساس نہیں ہوتا کہ مصنف اپنا راستہ ٹٹول ٹٹول کر آگے بڑھنے کی کوشش کر رہا ہے بلکہ یہ احساس ہوتا ہے کہ مزاح نگار کو اپنے فن پر مکمل بھروسہ ہے۔ یوسف ناظم کو متوقع امور کو غیر متوقع اور غیر متوقع امور کو متوقع بنا دینے کا فن بھی خوب آتا ہے۔ کہ ظرافت کے اکثر نکتے اس عمل سے پیدا ہوتے ہیں اسکی ایک عمدہ مثال اُن کا مضمون "گفتگو" ہے جس میں انہوں نے زبان اور ادب کے روایتی محاوروں کو نئے معنیٰ پہنائے ہیں یا اُن کے نئے ماخذ بتائے ہیں یا اُن پر نئے انداز سے تنقید کی ہے۔ پورا مضمون بے حد دلچسپ ہے۔ یہاں پر صرف ایک ٹکڑا پیش کرتا ہوں۔

"نو سو چوہے اور بلّی کا حج"۔۔ تعجب ہے کہ اس محاورہ پر مسلمانوں نے اب تک کوئی اعتراض نہیں کیا۔ بلّی اور حج بیت اللہ۔ حد سے زیادہ قابلِ اعتراض بات ہے۔ یہ محاورہ تو قانوناً یا کم سے کم اخلاقاً خارج از ادب کیا جانا چاہیئے۔ قیاس کہتا ہے کہ یہ محاورہ کسی شریر النفس شخص نے گھڑا ہوگا لیکن اس کی قبولیت دیکھیئے کہ زبان زدِ خاص و عام ہے۔ ہم اس کے دل سے مخالف ہیں اور چاہتے ہیں کہ مذہب کی خاطر اس کے خلاف مہم کا آغاز کریں

ادیبوں اور پبلشروں کے مکانوں کے سامنے پکیٹنگ کریں۔ صحت اجازت دے تو برت بھی رکھیں اور کالج کے طالب علموں کو ورغلا کر یا بے روزگاروں کو کچھ پیسے دیکر جلوس نکالیں لیکن ڈرتے ہیں کہ لوگ ہمیں کو نہ کہنے لگیں کہ نو سو چوہے کھاکے بلی حج کو چلی۔"

"قواعد اردو" کی تشریحات میں بھی انہوں نے اسی قبیل کی فنکارانہ چابکدستی کا ثبوت دیا ہے، اور صرف ونحو کی خشک اور سنگلاخ سرزمین سے ایسی شگفتہ اور نادر ادبی پھلجھڑیاں برآمد کی ہیں کہ پڑھ کر طبیعت بے اختیار داد دینے پر مجبور ہو جاتی ہے۔

"غالب کی صحت جسمانی" بھی اسی فنکاری کا ایک نادر نمونہ ہے جس کا میں اس تعارف کے شروع میں ذکر کر چکا ہوں۔ غالب کی صحت جسمانی کی رپورٹ مصنف نے خود غالب کے کلام سے مرتب کی ہے اس کی مضحک جزئیات مصنف کی ندرت طبع کا ایک اعلیٰ نمونہ پیش کرتی ہیں۔ غالبیات کے خالص علمی موضوع کو لے کر جن لوگوں نے مزاحیہ مضامین لکھے ہیں ان میں خاص طور پر دو مضامین ہمیشہ یاد رکھے جائیں گے، ایک تو ہے "غالب ترقی پسند شعرا کی محفل میں" جسکے مصنف کنہیا لال کپور ہیں۔ دوسرا "غالب کی صحت جسمانی" جسکے مصنف یوسف ناظم ہیں۔ ان دونوں مضامین کا شمار ہمارے اعلیٰ اور برتر ادبی مزاح میں ہمیشہ کیا جائے گا۔

"کیف وکم" کی اشاعت سے اردو ادب کے طنز و مزاح میں ایک اعلیٰ درجہ کے جوہر کا اضافہ ہوا ہے۔ خدا کرے یہ جوہر پنپے، پروان چڑھے اور ترقی کی بلند منزلوں کی طرف گامزن ہو۔

کرشن چندر ———— بمبئی۔ ۱۸ رجون ۶۳ء

مرزا غالب کی صحتِ جسمانی

غالب کے کلام کا بنظرِ غائر مطالعہ کیا جائے تو ہمیں اس با عظمت شاعر کی صحت جسمانی کا اندازہ ہوتا ہے اور خود اُنہی کے کلام کی روشنی میں ایک نئی "یادگارِ غالب" مرتب کی جاسکتی ہے۔ غالب نے اپنے بیشتر اشعار میں اپنی صحت کا ذکر کیا ہے اور اُن کے اشعار کے ذریعہ اس اطلاع کے ملنے پر کہ غالب عمر بھر بیمار رہے ایک عقیدت مند کو واقعی قلق ہوتا ہے کیونکہ خود غالب نے کہا ہے ؎

تنگدستی اگر نہ ہو غالبؔ تندرستی ہزار نعمت ہے

غالب کی نقاہت اور کمزوری کی بڑی وجہ جیسا کہ اُن کے کلام سے ظاہر ہے اُن کی فقید المثال کاہلی اور سُستی تھی۔ افسوس اس کا بھی ہے کہ اس کاہلی اور سُستی کے باوجود وہ کسی سرکاری عہدے پر مامور نہ ہوسکے۔ اُن کے کلام میں کئی ایسے اشعار ملیں گے جن سے اُن کی آرام طلبی، کسی ایک جگہ بیٹھے رہنے، اونگھتے رہتے اور لیٹے رہنے کی بے پناہ خواہش کا اظہار ہوتا ہے اور ایسے ہی اشعار پڑھ کر ایک نقّاد یہ کہنے پر مجبور ہوجاتا ہے کہ غالب ہندوستان کا سب سے زیادہ کاہل الوجود اور آرام طلب شاعر تھا۔ فرماتے ہیں ؎

دل ڈھونڈتا ہے پھر وہی فرصت کے رات دن بیٹھے رہیں تصورِ جاناں کئے ہوئے

لیکن صرف بیٹھے رہنا غالب کے لئے کافی نہ تھا۔ اُن کی فرصت پسند اور آرام طلب فطرت تو کچھ اور چاہتی تھی۔ غالب کو یوں بیٹھے بیٹھے بھی تکلیف ہونے لگی اس لئے انہوں نے فرمایا ؎

پھر جی میں ہے کہ در پہ کسی کے پڑے رہیں
سر زیر بار منت درباں کئے ہوئے

اور اس پڑے رہنے میں بھی غالب نے کئی نکتے نکالے ہیں اور یہی وہ مقام ہے جہاں اعتراف کرنا پڑتا ہے کہ غالب نے اچھوتی اور انوکھی نفسیاتی شاعری کی ہے غالب صرف پڑے رہنے کے قائل نہ تھے بلکہ اس کار خیر میں بھی اپنی نفاست اور آرام کا پورا پورا خیال تھا۔ وہ ہمیشہ اپنا بستر بھی ساتھ رکھتے تھے تاکہ جب بھی لیٹ جانے کا موقعہ ملے بستر بچھالیں۔ فرماتے ہیں ؎

در پہ رہنے کو کہا اور کہہ کے کیسا پھر گیا
جتنے عرصہ میں مرا لپٹا ہوا بستر کھلا

اور آگے بڑھئے تو آپ کو پتہ چلے گا کہ غالب صرف بستر پر لیٹنے اور لیٹنے کے بعد معمولی نیند پر اکتفا کرنے کے عادی نہ تھے بلکہ سونے میں بھی موصوف بے خبری کی نیند کو پسند فرماتے تھے اور اسی پسند کا طفیل ہے کہ ایک مرتبہ جب کسی راہزن نے اُن کو لوٹ لیا تو اُن کی مسرت کا ٹھکانہ نہ رہا۔ ارشاد ہوا ہے ؎

نہ لٹتا دن کو تو کب رات کو یوں بے خبر سوتا
رہا کھٹکا نہ چوری کا دُعا دیتا ہوں رہزن کو

یوں بھی غالب اپنے ہاتھوں سے خود اپنا کوئی کام کرنا نہیں چاہتے تھے بلکہ

اُن کی عین تمنا یہ تھی کہ اُن کا ہر کام خود بخود ہو جایا کرے۔ اگرچہ انہوں نے اپنے زورِ کلام اور مضمون آفرینی کا سہارا لے کر اپنی اس آرام طلبی اور کاہلی پر خود دار کا پردہ ڈالنے کی کوشش کی ہے لیکن یہ صرف کمرِ شاعرانہ ہے۔ ایک موقعہ پر کہا ہے ؎

بندگی میں بھی وہ آزادہ و خودبیں ہیں کہ ہم
اُلٹے پھر آئے درِ کعبہ اگر وا نہ ہوا

اس سے صاف ظاہر ہے کہ مرحوم نے درِ کعبہ کو ہاتھ لگانے تک کی زحمت گوارا نہیں کی اور یہ فرما دیا کہ ایسا کرنا اُن کی شان کے خلاف تھا۔ ایک اور مقام پر انہوں نے سرکاری عہدہ داروں کا انداز گفتگو اختیار کرتے ہوئے اپنا قصور دوسروں کے سر تھوپا ہے ؎

میں اور بزمِ مے سے یوں تشنہ کام آؤں
گر میں نے کی تھی توبہ ساقی کو کیا ہوا تھا

ساقی ان کا کوئی تنخواہ یاب ملازم تو نہ تھا کہ ان کے آگے جام و مینا لاکر رکھ دیتا۔ ایسا معلوم ہوتا ہے غالب صاحب کا ہاتھ کسی کام کے لئے اٹھتا ہی نہ تھا۔ اس کاہلی اور سستی کا نتیجہ تھا کہ اُن کی صحت دن بدن گرتی گئی۔ یہ ایک مُسلّمہ طبی اصول ہے کہ اگر ہاتھ پاؤں سے کام نہ لیا جائے تو اعضائے جسمانی معطل ہو جاتے ہیں اور انسان طرح طرح کی بیماریوں اور عوارض کا شکار ہو جاتا ہے اور یہ ایک ایسا اصول ہے جس پر حکیم جالینوس سے لے کر آج تک کے مُعمّر ساز حکیم متفق الرائے ہیں۔ غالب کا بھی وہی حال ہوا جو اصولاً ہونا چاہئے تھا۔ انہوں نے اپنے ایک شعر میں اپنی سماعت کی خرابی کا خود اعتراف کیا ہے ؎

بہرا ہوں میں تو چاہیئے دونا ہو التفات
سنتا نہیں ہوں بات مکرر کہے بغیر

اس کے علاوہ غالب کو عام جسمانی کمزوری کی بھی شکایت تھی۔ اُن کی متواتر کاہلی نے اُن کے قویٰ مُضمحل کردئے تھے اور اکثر و بیشتر اُن کو غش بھی آجایا کرتے تھے بلکہ یوں کہنا چاہیئے اُن پر زیادہ تر غشی ہی کا عالم طاری رہا کرتا تھا۔ ملاحظہ فرمائیے ؎

دل میں آجائے ہے ہوتی ہے جو فرصت غش سے
اور پھر کون سے نالے کو رسا کہتے ہیں

غالب نے اپنے ضعف و ناتوانی کا بھی جا بجا ذکر کیا ہے اور اس ضعف کی وجہ سے بیچارے غالب چلنے پھرنے سے بھی معذور ہو گئے تھے۔ پہلے ایک مرتبہ کعبہ تک جوں توں کر کے پہنچے تو اس قدر تھک گئے کہ دروازہ کھولنے کی بھی طاقت نہ رہی اور بعد میں ضعف و نقاہت کا یہ عالم ہو گیا کہ کعبہ کے سفر کا ارادہ کرنے میں بھی انہیں شرم آنے لگی تھی۔ فرمایا ہے ؎

کعبہ کس منہ سے جاؤ گے غالب
شرم تم کو مگر نہیں آتی

کعبہ تو بڑی دور رہا وہ سفر عشق کے بھی قابل نہ رہے تھے ؎

سفر عشق میں کی ضعف نے راحت طلبی
ہر قدم سایہ کو اپنے میں شبستاں سمجھا

اس معذوری کا اظہار غالب نے اس طرح بھی کیا ہے ؎

ضعف سے ہے نے قناعت سے یہ ترک جستجو
ہیں وبال تکیہ گاہِ ہمت مردانہ ہم

ضعف سے نقش پئے مور ہے طوق گردن
تیرے کوچے سے کہاں طاقت رم ہے مجھ کو

اُردو زبان کے اس عظیم المرتبت شاعر کی اس دائمی نقاہت اور کمزوری کی وجہ جسکو شاعر نے خود بیان کیا ہے۔ جسم میں خون کی کمی تھی جس سے ہم یہ سمجھنے پر مجبور ہیں کہ غالب دیمینک ہو گئے تھے ؎

ضعف سے اے گریہ کچھ باقی مرے تن میں نہیں
رنگ ہو کر اڑ گیا جو خوں کہ دامن میں نہیں

اپنے قاتل صفت محبوب کو بھی مخاطب کرتے ہوئے غالب نے اس مرض کی خوش خبری سنا دی تھی تاکہ محبوب بچنت ہو کر اپنا کام کر ڈالے۔ ارشاد ہوا ہے ؎

ڈرے کیوں میرا قاتل کیا رہیگا اُس کی گردن پر
وہ خوں جو چشم تر سے عمر بھر یوں دمبدم نکلے

ظاہر ہے کہ خون کی کمی انسان کی صحت بالکل تباہ و برباد کر ڈالتی ہے۔ غالب کے زمانہ میں نہ ہی علاج و معالجہ کی اتنی سہولتیں تھیں نہ ہی بلڈ بنک قائم تھے۔ مرض کا علاج ہی نہ ہو سکا تو نقاہت کیوں نہ بڑھتی۔ غالب روز بروز کمزور ہوتے گئے۔ کم خوابی کی شکایت پیدا ہو گئی جس کا اظہار انہوں نے یوں کیا ہے۔ ؎

موت کا ایک دن معین ہے نیند کیوں رات بھر نہیں آتی

اور اخیر اخیر میں تو اُن کا یہ حال ہو گیا کہ ان سے ایسے معمولی کام بھی نہ ہو سکتے تھے جو عشق کے کاروبار کے لئے ضروری قرار دئے گئے ہیں۔ کہا ہے ؎

گنجائش عداوتِ اغیار اک طرف
یاں دل میں ضعف سے ہوسِ یار بھی نہیں

اس نقاہت کا بُرا ہو کہ بات صرف ہوسِ یار تک ہی محدود نہ رہی بلکہ چند ایسی

چیزیں بھی جو وزن میں ہوں پارے سے بھی کم تھیں غالب برداشت نہ کرسکتے تھے
ملاحظہ ہو ؎

چھوڑا نہ مجھ سے ضعف نے رنگ اختلاط کا
ہے دل پہ بار نقشِ محبت ہی کیوں نہ ہو

ایک جگہ اپنی جسمانی کمزوری کا حال یوں بیان کیا ہے ؎

ہو فشارِ ضعف میں کیا ناتوانی کی نمود
قد کے جھکنے کی بھی گنجائش مرے تن میں نہیں

آپ سمجھیں گے کہ یہ نقاہت و ناتوانی کی انتہا ہوگی ۔ ایسا نہیں ہے ۔ یہ تو سیدھے ہونے اور جھکنے کا معاملہ تھا ۔ بیچارے غالب تو بولنے سے بھی معذور ہوگئے تھے ۔ سماعت تو اُن کی پہلے ہی خراب ہوگئی تھی ۔ اب قوت گویائی بھی جاتی رہی ؎

اُدھر وہ بدگمانی ہے اِدھر یہ ناتوانی ہے
نہ پوچھا جائے ہے اُس سے نہ بولا جائے ہے مجھ سے

اور ایک وقت غالب پر ایسا آیا کہ اُن کی رہی سہی جان صرف اُن کی آنکھوں میں رہ گئی اور اس باعظمت شاعر کے جذبے کی داد دیجیے کہ اس عالم میں بھی وہ راضی برضا رہے ؎

گو ہاتھ کو جنبش نہیں آنکھوں میں تو دم ہے
رہنے دو ابھی ساغر و مینا مرے آگے

غالب کی اس قناعت اور جذبۂ صبر نے اللہ میاں کو بے حد متاثر کیا ۔ دریائے رحمت

جوش میں آیا اور اللہ تعالیٰ نے حضرت عیسیٰ کو غالب کی مدد کرنے کا حکم دیا۔ حضرت عیسیٰ کو بھلا کیا عذر ہو سکتا تھا بلکہ وہ تو خوش تھے کہ برسہا برس کے بعد انھیں پھر مسیحائی کا موقعہ مل رہا تھا لیکن انھیں کیا خبر تھی کہ غالب کمزوری کی کس حد پر پہنچ چکے ہیں۔ انھوں نے اپنا عمل شروع کیا لیکن ؎

مر گیا صدمۂ یک جنبشِ لب سے غالبؔ
ناتوانی سے حریفِ دمِ عیسیٰ نہ ہوا

غالبؔ کی موت کا کسے افسوس نہ ہوگا لیکن یہ موت اس لئے شاق گزرتی ہے کہ غالب کا یہ برا حال صرف ایک ایسے معشوق کی خاطر ہوا جو پستہ قد تھا اور شملہ باندھا کرتا تھا۔ اور اس شملہ پر غالبؔ نے خود بھی ایک مرتبہ اعتراض کیا تھا ؎

بھرم کھل جائے ظالم تیری قامت کی درازی کا
اگر اس طرۂ پرپیچ وخم کا پیچ وخم نکلے

قواعدِ اُردو

انسان کی زبان سے مختلف آوازیں جو موقعہ بے موقعہ نکلتی رہتی ہیں لفظ کہلاتی ہیں اور اگر لفظ کا قلع قمع کردیا جائے تو ہر ٹکڑا حرف کہلاتا ہے۔ حرف اگر تعداد میں ایک سے بڑھ جائیں تو انہیں حروف کہا جاتا ہے۔ حروف کو سہولت کی خاطر دو قسموں میں تقسیم کردیا گیا ہے۔ حروف شمسی اور حروف قمری حروف شمسی کی ایجاد شمس الدین اور حروف قمری کی ایجاد شمس الدین صاحب کے بھائی مولوی قمر اللہ نے کی ہے۔ قواعدِ اردو کی تاریخ میں ان دونوں بھائیوں کا نام ابدالآباد تک زندہ رہے گا۔ جن الفاظ کے درمیان میں 'الف' 'لام' کے حروف آتے ہیں لیکن پڑھے نہیں جاتے حروف شمسی کہلاتے ہیں۔ مثلاً خود موجد کے نام شمس الدین میں الف لام کے حروف صرف نمائشی ہیں۔ اس طرح کے الفاظ لکھنے سے اردو زبان بہت آسان ہوگئی ہے۔

شمس الدین کے متعلق تذکرہ نویس بیان کرتے ہیں کہ یہ بڑا ڈپلومیٹ قسم کا آدمی تھا یعنی کہ مزاجاً فرنگی تھا۔ قمر اللہ البتہ سیدھا سادا مسلمان تھا اس لئے حروف قمری لکھے بھی جاتے ہیں اور پڑھے بھی۔ حروف انواع واقسام کے ہیں۔

حروفِ علّت :۔ علّت کے معنی بیماری کے ہیں واؤ، الف اور ی حروفِ علیل ہیں۔ لیکن اردو لکھنے میں بُرے وقت کے ساتھی ہیں۔

حروفِ صحیح :۔ ایسے حروف ہیں جن کی صحت اچھی ہے۔ واؤ، الف اور ی کے علاوہ الف ب کی تختی کے سارے حروف صحت مند ہیں حتّی کہ ننھی سی جان والا ہمزہ بھی۔ ہمزہ کی مثال کو پیشِ نظر رکھتے ہوئے حکماء نے یہ کلیہ بنالیا ہے کہ صرف جسم کا مُٹاپا ہی صحت کی نشانی نہیں۔ لاغر اور منحنی قسم کے لوگ بھی تندرست ہو سکتے اور مقابلے کے امتحانوں میں حصہ لے سکتے ہیں۔

حروفِ غلط :۔ یہ حروف لکھے تو جاتے ہیں لیکن لکھ کر فوراً قلمزد کردیے جاتے ہیں۔ مثال کے طور پر اگر بادشاہ، اقتدار اور دولت کے گھمنڈ کے ساتھ ساتھ افیون کے نشہ میں نہ ہو تو اپنے وزیر اور مصاحبوں کو حروفِ غلط کی طرح مِٹا دینے کی دھمکی دے گا لیکن اگر بادشاہ سلامت ترنگ میں ہوں تو دربار کے تمام مُصاحب، حروفِ صحیح کی تعریف میں آئیں گے۔

حروفِ منقوط :۔ ایسے حروف جنہیں حسابی نقطۂ نظر سے ایجاد کیا گیا ہے حروفِ منقوط کہلاتے ہیں۔ یعنی جن حروف کو صفر کا نشان عطا ہو حروفِ منقوط ہیں۔ ایک حرف کے شمال یا مغرب میں زیادہ سے زیادہ تین صفر لگ سکتے ہیں۔ حروف کے مشرق و مغرب میں صفر کے نشانات لگانے سے کوئی مادی فائدہ حاصل نہیں ہوتا۔

حروفِ غیر منقوط :۔ ایسے حروف ہیں جو بغیر صفر کی علامت کے ہی کارآمد ہیں۔ چونکہ یہ حروف فطرتاً آزاد واقع ہوئے ہیں اسلئے غصہ کے وقت

استعمال کئے جاتے ہیں۔ رد میں ممکن ہے حروف منقوطہ بھی استعمال کر لئے جائیں۔ لیکن عام طور سے یہی کہا جائے گا کہ زید نے بکر کو بے نقط سنائی۔ مطلب یہ ہوا کہ زید اردو بولنے میں مہارت رکھتا ہے۔

ضروری اصطلاحات :۔ جس آواز کے سہارے حروف ادا کئے جاتے ہیں اور جس کے ذریعہ ایک دوسرے سے ملائے جاتے ہیں' اُسے حرکت کہتے ہیں۔ اس لئے کہا گیا ہے حرکت میں برکت ہے۔ موجودہ حرکی دور میں حرکت کی پانچ قسمیں ہیں :۔

زیر۔ زبر۔ پیش۔ معقول اور نامعقول۔ پہلی تین حرکتیں اُردو لکھتے وقت چوتھی حرکت یعنی کہ معقول مرتے وقت اور پانچویں یعنی نامعقول عام طور سے سیاسی جلسوں میں استعمال و سرزد ہوتی ہے۔ اس کے علاوہ ایک اور شئے جو لکھنے میں استعمال کی جاتی ہے "مد" ہے۔ مد الف کی جائداد غیر منقولہ ہے' مثلاً آدمی میں الف پر مد لگا دیا جاتا ہے تاکہ معلوم ہو سکے کہ آدمی اشرف المخلوقات ہے۔

تنوین :۔ زبر یا زیر کی دوسری کو تنوین کہا جاتا ہے۔ دو زبر' دو زیر یا دو پیش اگر کسی لفظ کے آخری حرف پر لگا دئے جائیں تو آخری حرف اپنی حیثیت بھول کر فیروز خاں نون کی آواز دینے لگتا ہے' جیسے مثلاً۔ تقریباً یا مشارٌ الیہ۔ مثلاً کو مثلن یا تقریباً کو تقریبن کی طرح نہیں لکھ سکتے۔ تنوین کے ساتھ اردو لکھنے سے رسم الخط میں حسن اور دماغ میں اُلجھن پیدا ہوتی ہے۔

نون غنّہ :۔ یہ ایک ایسا عجیب الخلقت حرف ہے جو الف' ب کی تختی میں موجود نہیں لیکن ہر جگہ لکھا جاتا ہے۔ یہ حرف اس کا جہاں جی چاہے

آسکتا ہے یعنی لفظ کے بیچ میں بھی اور اخیر میں بھی۔ اس بات کی البتہ پابندی ہے کہ نون غنہ سے کوئی لفظ شروع نہیں ہوسکتا۔ اس کی آواز ناک سے پیدا ہوتی ہے اس لئے یاد رکھنا چاہیئے کہ اردو بولتے وقت زبان کے علاوہ ناک کو بھی متوجہ و مصروف رکھا جائے۔

ملفوظ :۔ شمس الدین (جن کا ذکر حروف شمسی کے سلسلہ میں آچکا ہے) کی نحا لغت میں عبدالرحمٰن نے ملفوظ ایجاد کی۔ یہ حرف بولنے میں آتا ہے لیکن لکھنے میں نہیں۔ مثلاً خود موجد کے نام میں الف موجود نہیں لیکن الف کی آواز برابر نکالی جاتی ہے۔ قانون کی نظر میں یہ دھوکہ دہی ہے۔

اشباع :۔ حرکت کو اتنا کھینچنا کہ پیش سے واؤ' زبر سے الف اور زیر سے "ی" کی آواز پیدا ہونے لگے۔ یہ چیز شاعروں کے ترنم میں کم و بیش اور کلاسیکل موسیقی میں بکثرت استعمال ہوتی ہے۔

علم صَرف :۔ صَرف اس علم کا نام ہے جس میں حروف وکلمات کی تبدیلی سے مختلف قسم کے معانی پیدا ہوتے ہیں۔ پہلے الفاظ کی تعریف سن لو جس طرح حرف کی دو قسمیں ہیں اسی طرح الفاظ کی دو قسمیں ہیں ایک بامعنی دوسرے بےمعنی۔ بامعنی وہ الفاظ ہوتے ہیں جو سیدھی سادی گفتگو میں استعمال ہوتے ہیں اور بےمعنی ان الفاظ کو کہتے ہیں جو سیاسی ناموں' دستاویز دیں اور خطابات وغیرہ میں استعمال ہوں۔

کلمہ :۔ اگر کوئی بامعنی لفظ آپ کے منہ سے اتفاقاً نکل جائے اور اس کا مطلب کسی کی سمجھ میں آجائے تو اسے کلمہ کہتے ہیں۔ یہاں یہ بات یاد رکھنا چاہیئے کہ

یہ کلمہ لفظ ہو سکتا ہے لیکن ہر لفظ کلمہ نہیں ہو سکتا۔ اس بات کو ذہن نشین کرنے کے لئے لیڈر اور آدمی کی مثال پیش نظر رکھنا چاہئے۔ کیونکہ یہ تو تمہیں معلوم ہی ہے کہ ہر آدمی لیڈر ہو سکتا ہے لیکن ہر لیڈر کا آدمی ہونا ضروری نہیں۔

کلمہ کی تین قسمیں ہیں اسم فعل اور حرف۔ اسم کے کوئی نہ کوئی معنی ہوتے ہیں۔ لیکن اس میں وقت اور زمانے کا شائبہ بھی نہیں ہوتا۔ کلمہ کی دوسری قسم فعل کہلاتی ہے اس کا قول سے کوئی تعلق نہیں ہوتا۔ فعل میں البتہ وقت کا ہونا ضروری ہے۔ خواہ وہ کسی قسم کا ہی فعل کیوں نہ ہو۔ کلمہ کی تیسری قسم حرف ہے، حرف جب اکیلا ہوتا ہے تو اپنی ناراضگی یا عزلت پسندی کی وجہ سے کوئی معنی نہیں دیتا مثلاً پر، تک وغیرہ۔ لیکن جب مجمع میں ہوتا ہے تو آواز دینے لگتا ہے۔ اس کی مثال ان نقادوں کی سی ہے جو خود کچھ نہیں ہوتے ادیبوں اور شاعروں کے سہارے جیتے ہیں۔ اُردو زبان کے ایسے پروفیسر جو شاعروں کے خطوط اور دیوان چھاپنے کے عادی ہوتے ہیں 'حرف' کی تعریف میں آتے ہیں۔

اب فعل کی قسمیں سنو۔ فعل کی چھ قسمیں ہیں۔ ماضی، مضارع، حال، مستقبل، امر اور نہی۔

ماضی وہ جس پر ہم فخر کرتے ہیں۔ مضارع ایسے تذبذب کا زمانہ جس میں حال اور مستقبل دونوں کی سازش ہو۔ اِسے تم خواب کہہ سکتے ہو جو دیکھا تو حال میں جاتا ہے لیکن باتیں عموماً مستقبل کی نظر آتی ہیں۔ ہمارے شاعر زیادہ تر مضارع ہی میں گفتگو کرتے ہیں۔ مثلاً

کشتۂ تیغ جدائی ہوں یقیں ہے مجھ کو

عفو سے عفو قیامت کو جدا پیدا ہو

فعل کی تیسری قسم حال ہے جو قوالی سنتے وقت فتنہ پسند لوگوں کو آتا ہے چوتھی قسم مستقبل ہے۔ مستقبل اُس زمانہ کا نام ہے جس سے لوگ غافل رہیں۔ شاعر نے کیا خوب کہا ہے ۔ اب تو آرام سے گزرتی ہے ـــــ چھوٹے بچوں کو سمجھانے کے لئے یوں کہنا چاہئے کہ گذشتہ کل' ماضی ہے' آج حال ہے اور آنے والا کل مستقبل ہے۔ حال فوراً ماضی کی شکل اختیار کرلیتا ہے اور مستقبل حال بن جاتا ہے اور اسی اُلٹ پھیر میں آدمی موت کے دروازہ پر پہنچ جاتا ہے جو مستقبل کی آخری لیکن نہایت آسان منزل ہے۔ فعل کی پانچویں قسم امر ہے۔ یہ رجواڑوں' عہدہ داروں اور کمانڈروں کے استعمال کی چیز ہے اور اسی وقت استعمال کی جاتی ہے' جب ہاتھ میں اقتدار' جیب میں روپیہ اور دماغ میں خلل ہو۔ چھٹی قسم نہی ہے' یہ امر کی چھوٹی بہن ہے اور اس میں بھی قریب قریب وہی جراثیم ہیں جو امر میں پائے جاتے ہیں۔ بالک ہٹ' تریا ہٹ اور راج ہٹ اسی کی شاخیں ہیں۔

اوپر کی سطور میں فعل کی چھ قسمیں بیان کی گئی ہیں لیکن اردو داں طبقہ کو پریشان و سراسیمہ کرنے والوں نے فعل کی دو اور قسمیں بنا ڈالی ہیں۔ ایک فعل معروف اور دوسری فعل مجہول۔ جس فعل کا فاعل معلوم ہو یعنی پوشیدہ نہ ہو وہ فعل معروف ہے۔ مثال کے طور پر اگر یہ کہا جائے کہ قابل استاد شاگردوں کو پیٹ رہا ہے تو اس میں فاعل استاد ہوا لیکن اگر یہ کہا جائے کہ

جلیان والہ باغ میں گولی چلی تو یہ فعل مجہول ہوگا کیونکہ گولی چلانے والوں کا پتہ نہیں۔ فعل کے ساتھ فاعل کا ذکر ضروری معلوم ہوتا ہے۔ فاعل تین قسم کا ہوتا ہے۔ غائب، حاضر، متکلم۔

غائب وہ جس کے نہ ہونے سے غیبت اور بدگوئی کی عادت کو فروغ ہوتا ہے۔ حاضر وہ جو غائب ہونے کے باوجود اسکول کے رجسٹر میں حاضر رہے۔ متکلم بولنے والے کو کہتے ہیں اور اس کے متعلق مشہور ہے کہ مارنے والے کا ہاتھ روک سکتے ہیں بولنے والے کی زبان نہیں روک سکتے۔ متکلموں کی یاوہ گوئی اور بدزبانی کی وجہ سے تم تاریخ پڑھو گے تو معلوم ہوگا کہ بااقتدار انسانوں نے ان کی زبانیں کھنچوادیں اور جو زبانیں کھنچوائی نہ جاسکیں جلوادی گئیں۔ قواعد اردو میں حاضر اور غائب ہمیشہ مزے میں رہتے ہیں مصیبت صرف متکلم پر آتی ہے۔ متکلم کی ایک اور بڑی عادت یہ بھی ہے کہ وہ بغیر بولے رہ نہیں سکتا۔ اچھے خاصے پڑھے لکھے اور عقلمند لوگ بھی اس مرض میں مبتلا رہے ہیں۔

مثلاً غالب کو دیکھ لو ؎

ہم بھی مُنہ میں زبان رکھتے ہیں کاش پوچھو کہ مدعا کیا ہے

اقبال کا بھی یہی حال تھا ؎

یہ دستورِ زباں بندی ہے کیسا تیری محفل میں
یہاں تو بات کرنے کو ترستی ہے زباں میری

اس لئے یاد رکھو کہ متکلم وہ ہے جو بات کرنے کے لئے ہمیشہ تڑپے لیکن بات کرکے ہمیشہ پچھتائے۔ ان حالات کو دیکھتے ہوئے اب محتاط قسم کے متکلموں نے

زبان کی بجائے خاموش نگاہوں کو ذریعہ تکلم بنالیا ہے۔ یہاں پر یہ مقولہ صادق آتا ہے۔ ضرورت ایجاد کی ماں ہے' لیکن اکثر موقعوں پر یہ طریقہ بھی ناکام رہا ہے مثلاً ایک متکلم نے اپنا تجربہ یوں بیان کیا ہے ؎

ہم آہ بھی کرتے ہیں تو ہو جاتے ہیں بدنام
وہ قتل بھی کرتے ہیں تو چرچا نہیں ہوتا

بہرحال یہ بات یاد رکھنا چاہیے کہ فی زمانہ متکلم کے لئے گفتگو کرنا ضروری نہیں ادائے مطلب کے لئے وہ ہزار طریقے استعمال کرسکتا ہے۔ مثلاً اگر کوئی "یار" کچھ کہنا چاہے تو آنکھوں ہی آنکھوں میں وہ سب کچھ کہہ دیتا ہے۔ امتحان کے وقت مثال دینے کے لئے یہ شعر یاد رکھو ؎

پیتا بغیر اذن یہ کب تھی مری مجال
در پردہ چشم یار کی شہ پاکے پی گیا

اس شعر میں "چشم یار" متکلم ہے گو کہ شعر جگر کا ہے۔

متکلم کی تین قسمیں ہیں :۔

دفتری متکلم :۔ دفتری متکلم صیغہ دار کو کہتے ہیں۔ یہ گفتگو کم اور عاجزی زیادہ کرتا ہے اور اس کے تکلم کے انداز کو گھگھیانا کہا جاتا ہے۔ گھگھیانا دفتری آداب کا پہلا اصول ہے اور اس اصول کے پیچھے قوانین وضوابط کی کئی ضخیم ومجلد کتابیں ہیں۔ دفتری متکلم جب گھگھیانے لگتا ہے تو اس کی زبان سے جی حضور' بجا ارشاد' مناسب ہے' جو حکم' قسم کے الفاظ یکے بعد دیگرے یوں نکلنے لگتے ہیں جیسے کسی کو توام بچے پیدا ہو رہے ہوں۔ ان الفاظ کو ادا

کرتے وقت، بسا اوقات دفتری متکلم کی عینک زدہ آنکھوں میں آنسو بھی آجاتے ہیں۔ دفتری متکلم اپنے مخصوص طرز گفتگو کے علاوہ، آواز سے بھی پہچانا جاسکتا ہے۔ اس کی آواز میں لرزش، کپکپاہٹ اور تھرتھراہٹ وغیرہ قسم کی نازک اور شاعرانہ چیزیں بھی بافراط پائی جاتی ہیں۔ یہ بات خاص طور پر یاد رکھو کہ امتحانی پرچہ حل کرتے وقت کوئی بات ایسی نہ کہہ دی جائے جو اس کے شایانِ شان نہ ہو کیونکہ دفتری متکلم موجودہ مہذب اور متمدن دور کی خاص اختراع ہے۔ دفتری متکلم کے بارے میں تم یہ بھی لکھ سکتے ہو کہ ان کی وجہ سے عہدہ داروں کا دل بڑھتا اور وقت آسانی سے کٹتا ہے۔

مذہبی متکلم:۔ مذہبی متکلم ایسے متکلم کو کہتے ہیں جو شاعروں کے ہاتھوں میں کھلونا بنا رہے۔ شاعر مذہبی متکلم کو مختلف ناموں سے یاد کرتے ہیں۔ زاہد، واعظ، ناصح، محتسب، کم بخت، شیخ وغیرہ۔

مذہبی متکلم کے بارے میں ایک لطیفہ یاد رکھو:۔

ایک مولوی صاحب ہر جمعہ کو بعد نماز جمعہ وعظ فرمایا کرتے تھے۔ ایک دن کسی گستاخ نے مولوی صاحب سے کہا کہ حضور میں ہر جمعہ کو آپ کے ارشادات اور فرمودات سنتا ہوں لیکن آج تک میری سمجھ میں یہ نہیں آیا کہ آپ فرماتے کس عنوان پر ہیں۔ مولوی صاحب نے غصہ سے جواب دیا تم عقل کے کورے ہو اور بدتمیز بھی۔ میں جو کہتا ہوں وعظ ہوتا ہے نہ کہ تقریر۔ عنوان صرف تقریر کے لئے درکار ہوتا ہے وعظ کے لئے نہیں۔

اب مذہبی متکلم کی خصوصیات سنو۔ مذہبی متکلم بات کم کرتا ہے اور ڈانٹتا

زیادہ ہے۔ یہ اپنی آواز سے بھی پہچانا جاتا ہے اور اپنے تن و توش سے بھی۔ مذہبی متکلم کا ہر لفظ حلق اور نرخرے کی پیداوار ہوتا ہے۔ تم کو یہ بات خاص طور پر یاد رکھنی چاہیئے کہ اگر کوئی مذہبی متکلم تم سے املا لکھوائے تو تم کئی غلطیاں کرو گے کیونکہ ہر لفظ جو الف سے شروع ہوتا ہے تم عین سے لکھو گے۔ اس لئے اگر کبھی ایسا موقعہ آ جائے تو اس بات کا خیال رکھو۔ تن و توش کے اعتبار سے مذہبی متکلم عام طور پر فربہ و ضخیم ہوتا ہے۔

سیاسی متکلم :۔ سیاسی متکلم ایسے شخص کو کہتے ہیں جو سوچتا کم اور بولتا زیادہ ہے۔ اس کی دوسری خصوصیت یہ بھی ہوتی ہے کہ سیاسی متکلم بولتے وقت زبان کے علاوہ ہاتھ پاؤں سے بھی کام لیتا ہے اس لئے یوں کہنا چاہیئے کہ بولتے وقت سیاسی متکلم کے تمام اعضا متاثر ہوتے ہیں سوائے دماغ کے۔

سیاسی متکلم کی تیسری خصوصیت یہ ہے کہ اس کی زبان جس آسانی سے چلتی ہے دماغ بھی اسی آسانی سے چل جاتا ہے۔ سیاسی متکلم کی تعریف لکھتے وقت بڑی احتیاط سے کام لینے کی ضرورت ہے۔ اس کی تعریف کے سلسلہ میں کوئی ایسی بات نہ لکھنی چاہیئے جس سے ممتحن کو یہ شبہ ہو کہ تم نے سیاسی متکلم کو عقلمند آدمی سمجھا۔

اب مخاطب کی تعریف سنو

مخاطب :۔ مخاطب ایسے شخص کو کہتے ہیں جو متکلم کی راست زد میں ہو۔ مخاطب کا کام ہے :

"سب کی باتیں تو اُنہوں نے خود ہمہ تن گوش رہے" مخاطب نے جہاں کچھ کہا وہ متکلم بن گیا۔ یوں سمجھنا چاہیے کہ مخاطب کے کان تو ہوتے ہیں لیکن زبان نہیں ہوتی۔ مخاطب کی چار قسمیں ہیں :۔ تو۔ تم۔ آپ۔ جناب

تو :۔ اُردو میں سب سے زیادہ مستعمل لفظ 'تو' ہی ہے۔ تو مندرجہ ذیل موقعوں پر استعمال ہوتا ہے :۔

۱۔ اللہ کو مخاطب کرتے وقت

۲۔ معشوق کے بارے میں شعر کہتے وقت

۳۔ بادشاہ سلامت اپنے حواریوں سے گفتگو کرتے وقت

۴۔ شرفا کی لڑائی کے موقعہ پر

تو کی سب سے بڑی خوبی یہ ہے کہ اس لفظ سے خلوص کا بھی اظہار ہوتا ہے اور نفرت کا بھی۔ عزت و تکریم کا بھی اور تحقیر و حقارت کا بھی۔ یہ لفظ اپنی مثال آپ ہے۔ بہتوں کو شبہ ہے کہ یہ لفظ مثلاً انگریز ہے۔

تم :۔ ہر چھوٹا' بڑے کے مقابلہ میں 'تو' ہوا کرتا ہے اس لئے جو شخص تم ہو اس کے متعلق سمجھ لینا چاہیے کہ وہ یا تو متکلم سے عمر میں چھوٹا ہے' یا رشتہ یا ناتہ' رتبہ میں۔ لیکن یہ بات یاد رہے کہ اگر کوئی شخص صرف قد میں چھوٹا ہو تو اُسے ہر شخص تم کہہ کر مخاطب نہیں کر سکتا۔ کیونکہ دیکھا گیا ہے کہ چھوٹے قد کے لوگ بھی اکثر چیف منسٹر یا گورنر بن جاتے ہیں۔

آپ :۔ آپ سے مُراد آپ کے بزرگ اور عزیز و اقارب ہیں۔ آپ ایک شریفانہ لفظ ہے اور اس کا استعمال خوش سلیقگی' تہذیب و تمیز'

اور اچھے آداب کو ظاہر کرتا ہے لیکن اب یہ لفظ داستان پارینہ بنتا جارہا ہے۔

جناب :۔ جناب دو قسم کے ہوتے ہیں۔ ایک صرف جناب دوسرے عالی جناب۔ اور عالی جناب بھی دو طرح کے ہوتے ہیں۔ ایک عالیجناب اور ایک جناب عالی۔ جناب' جناب عالی اور عالی جناب یا والاجناب۔ تینوں چاروں الفاظ سرکاری دفاتر اور لکھنؤ میں شدت کے ساتھ استعمال ہوتے ہیں۔ اس لفظ کی خاصیت یہ ہے کہ اس میں عرق ماءاللحم کے جراثیم پائے جاتے ہیں۔ اس لفظ کے سننے سے مخاطب کی بڑی حوصلہ افزائی ہوتی ہے۔

علمِ بیان :۔ پچھلے صفحات میں تم علم نحو اور علم صرف کے بارے میں بہت کچھ پڑھ چکے ہو۔ اب علم بیان کی تفصیلات سنو :۔

علم بیان اُس لازوال علم کو کہتے ہیں جس میں اُردو زبان کے بننے اور بننے سے زیادہ بگڑنے کے قاعدے وضع کئے گئے ہیں۔ علم بیان کے ذریعہ ایک لفظ سے مختلف الفاظ بنانے' الفاظ کی قدر و قیمت گھٹانے بڑھانے واحد جمع اور تذکیر و تانیث کے پوشیدہ راز کھولے جاتے ہیں۔

الفاظ سازی :۔ ایک لفظ سے مختلف الفاظ بنائے جا سکتے ہیں ایک لفظ پہلے سے موجود ہوتا ہے جس کے آگے پیچھے مختلف الفاظ جوڑ کر نئے الفاظ بنائے جاتے ہیں۔ مثلاً فضول سے فضول گو' فضول خرچ' بدفضول وغیرہ۔ لیکن یہاں صرف ایسے الفاظ کا ذکر کیا جائے گا جو نوعیت میں تو ایک ہوں لیکن اُن کی مدد سے مختلف نوعیت کے الفاظ بنائے جا سکتے ہوں۔ ان الفاظ کو سابقے اور لاحقے کہا جاتا ہے' ذیل میں ان کی مثالیں دی جاتی ہیں :۔

۱۔ **بوس** :۔ بوس سے فلک بوس، ساڈھنا بوس، دیو کی بوس۔

۲۔ **دان** :۔ دان کی مدد سے جتنے الفاظ بنتے ہیں وہ عام طور پر ظروف ہو سکتے ہیں۔ مثلاً چائے دان (جس میں چائے رکھی جائے) پان دان اور خاصدان وغیرہ۔ لیکن خاصدان میں خواصوں کو نہیں رکھا جاتا۔ صرف گلوریاں رکھی جا سکتی ہیں۔

۳۔ **شالہ** :۔ جیسے پاٹھ شالہ، دھرم شالہ اور دو شالہ۔

۴۔ **زار** :۔ یہ بھی "جگہ" کی نشان دہی کرتا ہے مثلاً لالہ زار، مرغزار۔ لیکن مرغزار پولٹری فارم کا ترجمہ نہیں ہے۔

۵۔ **جان** :۔ انجان، قنجان، آذربائیجان وغیرہ۔

اور اسی قسم کے بیسیوں الفاظ ہیں جو بذات خود الفاظ کا خزانہ ہیں۔

تکبیر و تصغیر :۔ بعض صورتوں میں اصل لفظ مطلب کے اظہار کے لئے کافی نہیں ہوتا۔ ایسے نازک موقعوں پر اصل لفظ کے آگے "تر" بڑھا دیا جائے تو مشکل حل ہو جاتی ہے مثلاً خوب سے خوب تر، بہ سے بہتر وغیرہ — یہ البتہ یاد رکھو کہ بستر بذات خود ایک علحدہ لفظ ہے اور بس سے نہیں بنا ہے۔

انتہائی معنیٰ مقصود ہوں تو تر کی بجائے ترین کا استعمال مفید سمجھا گیا ہے۔ جیسے بہتر سے بہترین۔ کمتر سے کمترین وغیرہ۔

تصغیر :۔ اور کبھی کبھار ایسا بھی ہو جاتا ہے کہ ادائے مطلب کیلئے اصل لفظ کافی سے زیادہ ہو جاتا ہے۔ ایسی صورتوں میں "چہ" کے اضافہ کی رائے دی گئی ہے۔ جیسے کتاب سے کتابچہ — بچہ — زچہ۔ البتہ علیحدہ

الفاظ ہیں اس کے علاوہ اور نہ ہی خرچہ' خرسے ۔

واحد اور جمع :- اردو میں دو صیغے ہوتے ہیں صیغہ واحد اور صیغہ جمع ۔ واحد اور جمع کی چند مثالیں ذیل میں دی جاتی ہیں۔ عورت کی جمع عورتیں بنائی جاسکتی تھی لیکن ریلوے والے اس کی جمع عورات بناتے ہیں ۔ پوسٹ آفس والے تار کی جمع تاریں بناتے ہیں ۔ اسی قسم کی اور مثالیں تم اپنے ذہن رسا سے بھی پیدا کرسکتے ہو ۔

اخیر میں قواعد اُردو کے بارے میں یہ بتا دینا ضروری ہے کہ ہندوستان میں مختلف علاقوں میں اُردو بولنے اور لکھنے کا ڈھنگ الگ الگ ہے کہیں کوئی لفظ مذکر ہے تو کہیں مونث ۔ اس لئے اُردو بولتے وقت جو شخص بھی قواعد اردو کی فکر کرے گا خود پچھتائے گا ۔

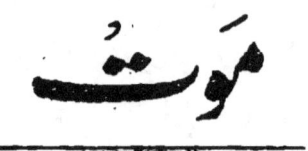

موت

اگر آپ یہ مضمون پڑھنا ہی چاہتے ہیں تو ہم آپ کو منع کرکے آپ کا دل نہیں دکھانا چاہتے لیکن ہماری یہ خواہش ضرور ہوگی کہ آپ لفظِ موت کو زبر سے پڑھیں پیش سے نہیں۔ اور اس کے بعد موت کی شانِ نزول، اُس کی قسموں اور اس کے نتائج وعواقب پر غور کریں۔ یہ بڑا دلچسپ اور وسیع مضمون ہے اور وقت گزاری کا بڑا دردناک مشغلہ ہے۔ شاعر کہتا ہے ؎

موت سے کس کو رستگاری ہے
آج وہ کل ہماری باری ہے

یعنی یہ کہ موت ہر شخص کی قسمت میں لکھی ہے اور ہر شخص کو قبر میں دفن ہونا یا شمشان میں جلنا ہے۔ اس لئے علمائے کرام جو متعدد شادیاں کرنے اور مرغن غذائیں کھانے کے علاوہ فتوے دینے کا کام بھی کیا کرتے ہیں کہتے ہیں کہ موت کو مت بھولو اور وہ اس نصیحت پر سب سے پہلے خود عمل کرتے ہیں یعنی وہ ہمیشہ اپنی موت کو یاد رکھتے اور مرجانے کے خوف سے ممکنہ عجلت کے ساتھ ایسے تمام کام کر ڈالتے ہیں جو شرع شریف، احسن المسائل اور دینیات وغیرہ میں عام مسلمانوں اور شریف مومنوں کے لئے منع ہیں۔ بہرحال ہماری اپنی

رائے میں بھی موت کو یاد رکھنے میں کوئی مضائقہ نہیں بلکہ الٹا فائدہ ہی ہے اس عمل سے صحت اچھی اور دماغ تازہ رہتا ہے کیونکہ دیکھا گیا ہے کہ جو لوگ موت کو بھول جاتے ہیں اُن میں کاہلی پیدا ہو جاتی ہے۔ اعضائے جسمانی کام کرنا چھوڑ دیتے ہیں اور بعض صورتوں میں انہیں قبض کی شکایت بھی ہو جاتی ہے۔ حکمائے حاذق کا خیال ہے کہ قبض کی مستقل شکایت رکھنے والوں کو دن میں دو چار مرتبہ موت کا خیال اپنے دل میں ضرور لانا چاہیئے یہ خیال قبض کشا ہوتا ہے۔

موت کو یاد کرتے رہنے سے آدمی میں شب بیداری کی عادت بھی پیدا ہوتی ہے جو عاقبت سدھارنے کے علاوہ فی زمانہ چوروں اور ڈاکوؤں سے محفوظ رہنے کے لئے بھی کارگر ہے۔ بعض شب بیدار لوگ جنہیں قدرت نے ذہانت کا جوہر عطا کیا ہے' اپنی شب بیداری کی عادت سے فائدہ اٹھاتے ہوئے فلکیات و نجوم وغیرہ جیسے علوم بھی سیکھ لیتے ہیں۔ حکیم مومن خاں مومن اس کی مثال ہیں۔ البتہ غالب فقط اپنے ازار بند میں گرہیں ڈالتے اور اپنا دیوان مرتب کرتے رہے۔ غالب بھی خوب آدمی تھے عام انسانوں سے مختلف۔ جو لوگ موت کو یاد کرتے ہیں انہیں نیند نہیں آتی لیکن غالب صاحب کو چونکہ نیند نہیں آیا کرتی تھی وہ موت کو یاد کر لیا کرتے تھے۔ کہا ہے ؎

موت کا ایک دن معین ہے
نیند کیوں رات بھر نہیں آتی

اور یہ عجیب بات ہے کہ نیند تو انہیں نہیں آئی لیکن موت اکثر آتی رہی۔

فرمایا ہے ؎

مجھے کیا برا تھا مرنا اگر ایک بار ہوتا

بعض لوگ موت کو یاد کرتے کرتے بسا اوقات رو بھی دیتے ہیں۔ ایسا رونا مذہبی نقطۂ نظر سے منفعت بخش یعنی کارِ ثواب سمجھا گیا ہے۔ تاہم کمزور دل رکھنے والوں کو چاہئے کہ موت کو یاد کرنے کا عمل شروع کرنے سے پہلے اپنا طبی معائنہ کروالیں کیونکہ اکثر ایسا بھی ہوتا ہے کہ موت کو یاد کرنے سے قلب شریف کی حرکت رک جاتی ہے اس لئے موت کو یاد کرنے میں فائدہ صرف اُسی وقت ہے کہ آدمی موت کا خیال تو کرتا رہے لیکن مرے نہیں۔

اس فلسفہ میں نہایت باریک نکات ہیں۔ واقعہ یہ ہے کہ موت کو یاد کرتے رہنے میں جو فائدہ ہے وہ مرجانے میں نہیں ہے۔ آپ کہیں گے کہ یہ تو وہی بات ہوئی کہ کھانا پکاتے رہئے لیکن کھائیے نہیں۔ ہم بھی اسے تسلیم کرتے ہیں اور آپ کی حجت کو مانتے ہیں لیکن اسے کیا کیا جائے کہ کھانا پکانا گرہستی کا معاملہ ہے اور موت کو یاد کرنا دنیا و عقبیٰ کا۔ ہو سکتا ہے کہ آپ کا یہ بھی خیال ہو کہ موت کو یاد کرکے نہ مرنے سے تو بہتر ہوگا کہ موت کو یاد کئے بغیر مرجایا جائے۔ خیال کافی دلفریب ہے اور نوعمر لوگوں کے لئے اس خیال میں بڑی کشش بھی ہے لیکن خیال کی دلفریبی اور اس کی کشش کے باوجود ہم آپ کو یہی مشورہ دیں گے کہ آپ ہر وقت موت کو یاد کرتے رہئے۔ اصولاً تو آپ کو بطور اعتقاد اس پر عمل کرنا چاہئے لیکن آپ ایمانداری کیساتھ ایسا نہیں کرنا چاہتے تو ہمیں آپ کو قائل کرنے کے لئے یہ سوال کرنا ہی ہوگا

جب موت آ نہیں سکتی تو پھر اس کو یاد کرلینے میں مضائقہ کیا ہے ؟

موت کے آنے کے بھی مختلف ڈھنگ ہیں ۔ ایک تو وہ موت ہے جو قلب کی حرکت رُک جانے سے واقع ہوتی ہے ۔ یوں تو ہر موت میں قلب کی حرکت کا رُکنا ضروری ہے لیکن قلب کی حرکت رُک جانے سے موت کا واقع ہونا بذاتِ خود موت کی ایک علیحدہ اور مستقل قسم ہے اور ایسی موت صرف سنجیدہ اور کفایت شعار لوگوں کی قسمت میں لکھی ہوتی ہے ۔ اس طرح کی موت میں نہ تو مرنے والے کو مر جانے کے فعل کی تشہیر کا موقعہ ملتا ہے اور نہ ہی ڈاکٹروں کو بل بنانے کا ۔ عزیز و اقارب بھی تیمارداری کی زحمت سے بچے رہتے ہیں ۔ بہرحال یہ موت ہنسی خوشی واقع ہوتی ہے ۔ دفتر میں بیٹھے گپ لڑا رہے ہیں کہ قلب کی حرکت رُک گئی ۔ ہوٹل میں چائے پی رہے ہیں کہ شہید ہو گئے یا گھر ہی میں آرام کرسی پر لیٹے لیٹے روانہ ہو گئے ۔ اگر آئندہ چل کر کبھی ایسا طریقہ رائج ہو جائے کہ ملک الموت اخلاقاً ہر شخص سے اس کی پسند کی موت کے بارے میں دریافت کر لیا کرے تو اکثریت فوری موت کے حق میں رائے دے گی ۔ یا زیادہ سے زیادہ ایک آدہ دن کی نوٹس کی خواہش کا اظہار کرے گی ۔ تاہم ایسے لوگ بھی یقیناً ہوں گے جو فرصت اور اطمینان کے ساتھ مرنا پسند کرتے ہوں تاکہ مرنے سے پہلے دل کی حسرتیں نکل جائیں ۔ تیمارداری ہو ۔ ڈاکٹروں کا تجربہ بڑھے ، دوست احباب کا تانتا بندھا ہو ۔ ورثا کے چہروں پر آثار فکرمندی ہوں اور زیرِ لب دعائے مغفرت ۔ ایسی موت کا بھی خیر مقدم کیا جا سکتا ہے

کیونکہ جب پیدا ہونے میں اتنا عرصہ لگتا ہے تو مرنے میں بھی چند دن صرف ہونا چاہیئے۔ لیکن تکلیف دہ بیماری سے موت کا واقع ہونا بے فائدہ ہے مرنے کا لطف اسی میں ہے کہ آدمی ہنستے' بولتے اور کھاتے پیتے گزر جائے۔ مطلب یہ کہ آدمی زندہ رہ کر مرے اور صرف سانس کی آمدوشد' زندگی کی علامت نہیں۔ معدہ' ہاضمہ' حافظہ' بینائی' سماعت اور دیگر اعضائے رئیسہ وغیر رئیسہ' سب کا معتدل حالت میں رہنا ضروری ہے۔ مر مر کو مرنے سے تو بہتر یہ ہے کہ مرا ہی نہ جائے۔

بعض لوگ ڈوب کر مرنے کے قائل ہیں۔ مثلاً غالب ؎

ہوئے مر کے ہم جو رسوا ہوئے کیوں نہ غرقِ دریا
نہ کبھی جنازہ اٹھتا نہ کہیں مزار ہوتا

بعض لوگ وطن سے دور رہ کر مرنا پسند کرتے ہیں ؎

مارا دیارِ غیر میں مجھ کو وطن سے دور
رکھ لی مرے خدا نے مری بیکسی کی شرم

اور بعض حضرات تیر کھا کر مرنے میں آسانی محسوس کرتے ہیں ؎

اس کی خوشی نہیں کہ مری جان بچ گئی
افسوس یہ ہے تیر تمہارا اُچٹ گیا

پہلے زمانہ میں جب کہ انسان نے اتنی ترقی نہ کی تھی لوگوں کو مرنے میں ذرا دقت ہی ہوتی تھی اس لئے کہ موت کے وہ مواقع حاصل نہ تھے جو آج ہیں۔ مجبوراً لوگ معشوقوں کو دعوت دیتے تھے کہ وہ اُن کا سر اُڑا دیں لیکن خدا کا

شکر ہے کہ جیسے جیسے زمانہ ترقی کرتا گیا لوگوں کو مرنے کی سہولتیں اور آسانیاں بلکہ یوں کہنا چاہیے کہ آسائشیں مہیا ہونے لگیں۔ قحط اور وبائیں پہلے بھی تھیں لیکن بموں، راکٹوں اور مشین گنوں کی یہ جان لیوا ادائیں کہیں نہ تھیں۔

موت بذات خود بڑی دلفریب شئے ہے اور بالخصوص موت کے بعد تجہیز و تکفین کی متبرک اور آخری رسومات کے لوازمات یعنی مہکتے ہوئے عرق گلاب سے غسل، عود و عنبر کی مشام جاں کو معطر کر دینے والی خوشبوئیں، پختہ اور ٹھنڈی قبر، سنگِ مرمر کا کتبہ، جنازہ کا شاندار جلوس، ڈولہ کی سواری پھولوں کی چادر، مقدس آیات کا سنگیت، فاتحائیں، دسواں، چہلم اور برسی، یہ سب کافی دل لبھانے والی ترغیبات ہیں۔

امور بعد الموت بھی کم دلچسپ نہیں ہوتے۔ آدمی کے مرجانے کے بعد اُس کے متعلق خاص خاص باتیں بھی روایتاً کہی جاتی ہیں۔ مثلاً یہ کہ مرحوم نے اپنے پسماندگاں میں تین بیویاں اور گیارہ اولادیں چھوڑیں۔ مطلب یہ کہ مرنے والے نے کچھ سوچ سمجھ کر ہی موت اختیار کی۔ بعض لوگ جو مناسب تعداد میں بیویاں اور بچے نہ چھوڑ سکے کہہ گئے ہیں اگر کسی کے بس میں ایسا کرنا ممکن نہ ہو تو کم سے کم کچھ ایسے کام انہیں کرنا چاہیے جو اُن کی وفات کے بعد بھی لوگوں کو یاد رہیں ؎

بارے دنیا میں رہو غمزدہ یا شاد رہو
ایسا کچھ کر کے چلو یاں کہ بہت یاد رہو

بعض لوگ اس لئے اخلاقاً بڑے بڑے قرضے چھوڑ جاتے ہیں اور واقعی

بہت سے دن تک یاد کئے جاتے ہیں۔ جائداد یں چھوڑ کر مرجانے کا طریقہ بھی عام ہے ایسی صورت میں ان جائدادوں کے کئی کئی حق دار مرنے والے کی وفات حسرت آیات کے بعد اچانک پیدا ہو جاتے ہیں وہ تو اچھا ہوا کہ مرنے کے بعد آدمی واپس آ کر دنیا میں یہ نہیں دیکھ سکتا کہ اُس کے چاہنے والے اس کو کس طرح یاد کرتے ہیں ورنہ موت بھی زندگی بن جاتی۔
ذوقؔ نے اس بارے میں بڑی سمجھ داری کی بات کہی ہے براہ کرم آپ بھی اسے یاد رکھئے۔ یہ ہماری وصیّت نہیں صرف مشورہ ہے ؎

اب تو گھبرا کے یہ کہتے ہیں کہ مرجائیں گے
مرکے بھی چین نہ پایا تو کدھر جائیں گے

سالانہ رپورٹ

[دفتر نظم و نثر محکمۂ السنۂ شرقیہ کی سالانہ رپورٹ بابتہ سنہ ۱۳۸۳ف عوام الناس کی اطلاع کی غرض سے شائع کی جارہی ہے۔ اربابِ محکمۂ موصوف کو توقع ہے کہ اس رپورٹ سے ادیبوں، شاعروں اور ادب کا ذوق رکھنے والے طبقے کو خاطر خواہ عبرت حاصل ہوگی۔]

(۱) انتظامی اُمور:۔ سال زیر تبصرہ کے دوران میں دفتر نظم و نثر کے عملہ میں تخفیف عمل میں آئی۔ دفتر ہذا کا موجودہ عملہ چھ ٹائپسٹ، چار کاتبوں، چار اہلکاروں، دو سو چپراسیوں اور ۷۲ عہدہ داروں پر مشتمل ہے۔ عہدہ داروں کی تعداد حضرت میر تقی میر کے ۷۲ نشتروں کے مماثل رکھی گئی ہے۔ دفتر ہذا کا تخفیف شدہ عملہ فی الوقت آوارہ گردی میں مصروف ہے۔ معتبر ذرائع سے دفتر ہذا پر یہ اطلاع پہنچی ہے کہ اکثر ملازمین معمولی جرائم میں پکڑے گئے ہیں۔ ملازمین مذکور کے اس عمل سے ارباب دفتر ہذا مایوس نہیں ہیں اور انہیں یقین ہے کہ باضابطہ مشق کے بعد دفتر ہذا کے یہ سابق ملازمین جرائم کی دنیا میں ضرور نئی راہیں پیدا کریں گے اور اپنا نام روشن کریں گے۔

عہدہ داران دفترِ ہٰذا نے سال زیرِ تبصرہ میں کامل بارہ ماہ تک دورہ کیا۔ ادب و شعر کی مختلف کانفرنسوں میں شرکت کی ملک کے مختلف مقامات پر ادبی محفلوں کو مخاطب کیا۔ اس کے علاوہ عہدہ دارانِ موصوف نے کرکٹ کے آزمائشی مقابلے بھی دیکھے۔ فری اسٹائل کشتی کے میدان پر بھی موجود رہے ملک کے نامور فلمی ستاروں سے ملاقاتیں کیں اور ملکۂ برطانیہ کے جشن تاجپوشی میں بھی شرکت کی کوشش کی۔

عہدہ داران موصوف کو اُن کے دورہ کے صلہ میں خاطر خواہ بھتہ ادا کیا گیا۔ باقی عملہ کو وقت پر تنخواہیں دی گئیں۔ عملہ کی کارکردگی میں عہدداروں کی عدم موجودگی کے باوجود اضافہ ہوا۔ سنین ماسبق میں دفتر ہٰذا کے ٹائپسٹ پہلے ایک مراسلہ دو دن میں ٹائپ کرتے تھے لیکن سال زیرِ تبصرہ میں ان کی ٹائپ کرنے کی رفتار اچانک حیرت انگیز طور پر تیز ہو گئی اور نتیجتہً ایک دن میں دو مراسلے ٹائپ ہونے لگے۔ اکثر مراسلے صحت کے ساتھ بھی ٹائپ کئے گئے اور ان کا مطلب خبط ہونے پایا۔ اس لئے سال زیرِ تبصرہ میں بیشتر مراسلوں کے جوابات وصول ہوئے۔ ایسے مراسلے جن میں ادیبوں اور شاعروں نے دفترِ ہٰذا کے عہدہ داروں کے بارے میں مغلظات لکھ بھیجے نذرِ آتش کردیے گئے۔ بعض معقول قسم کے شاعروں نے دفترِ ہٰذا کی تعریف میں قصیدے بھی لکھ کر روانہ کئے۔ اِن قصیدوں کو نک سک سے درست کرنے کے بعد خطِ نستعلیق میں تحریر کروایا گیا اور ان کی نقلیں ملک کے اخبارات و رسائل میں بغرض اشاعت روانہ کی گئیں۔ چونکہ کئی اخبارات و رسائل کی

اشاعت مسدود ہو چکی تھی اس لئے یہ نقلیں دفتر ہذا پر بیرنگ واپس ہوئیں۔ جن اخبارات میں یہ قصیدے چھپے وہ خریداروں کے مقاطعہ کی وجہ سے بعد میں بند ہو گئے۔

سال زیر تبصرہ میں دفتر ہذا کے اخراجات ٹپہ کی مد بڑی حد تک متاثر ہوئی اس لئے سال مذکور کے اخیر سہ ماہی میں خط وکتابت کا کام بند کر دیا گیا۔ بعض اہم مراسلے چپراسیوں کو ذریعہ ٹرین بھجوا کر تقسیم کروائے گئے۔ ایک چپراسی بغیر ٹکٹ سفر کرتا ہوا پایا گیا۔ محکمہ ریلوے سے اس واقعہ کی رپورٹ وصول ہونے پر چپراسیوں کو اولاً ریل کا ٹکٹ دلایا گیا اور بعد میں مراسلے حوالے کئے گئے۔

سال زیر تبصرہ میں دفتر ہذا کی عمارت میں بھی توسیع ہوئی۔ "شاعرہ گاہ" سے متصل ایک "میکدہ" اور دو بیت الخلاء تعمیر کروائے گئے۔ بیت الخلاء کی اندرونی و بیرونی دیواروں پر بعد میں مشاہیر کے اقوال، عشقیہ اشعار اور فلمی گانوں کے اقتباسات پائے گئے۔ عمارت پر دو مرتبہ سفیدی بھی کروائی گئی۔ بارش میں عمارت حسب معمول ٹپکتی رہی۔ بعض کمروں میں پلستر جھڑنے کی وجہ سے چند معمولی حادثات بھی ہوئے۔ ہر حادثہ پر دفتر ہذا کو ایک یوم یا نصف یوم کی تعطیل دی جاتی رہی۔ دفتر ہذا کے عملہ سے مالیوں کے تخفیف ہو جانے کے باعث دفتر ہذا کا چمن اجڑ گیا۔ اب چمن کی جگہ بیڈمنٹن کورٹ قائم کر دیا گیا ہے۔

اس سال خصوصی احکام کے ذریعہ عہدہ داروں کو مقررہ لباس

پہننے کا پابند کیا گیا۔ مقررہ لباس کی تفصیل حسب ذیل ہے :۔

(الف) گرمیوں میں :۔ سفید اچکن، سفید پائجامہ ڈھیلے پائنچوں کا بمعہ ریشمی ازار بند۔ دوپلی یا رامپوری ٹوپی اور سانپ کے چمڑے کا سلیم شاہی جوتا۔

(ب) سردیوں میں :۔ دوہرا چوڑی دار پائجامہ بمعہ ریشمی ازار بند، جامہ وار کی شیروانی کیری کے چھاپے کی۔ فیتوں والا سیاہ ڈریس شو اور ریشمی شملہ کریم کلر کا یا بالوں کی ٹوپی۔

(ج) بارش میں :۔ بنی کاہی کی کارڈرائے پتلون بمعہ بیلٹ اپنے نام کے ابتدائی حرف کے مونو گرام کا۔ سفید سینڈو بنیان، انڈر ویر بلا قید رنگ و نمونہ۔ بش کوٹ جس پر زریں اقوال، اشعار اور اعلیٰ کتابوں کے نام چھپے ہوئے ہوں۔ اور اس کے علاوہ گم شوز۔

عہدہ داروں کی رہنمائی اور رہبری کی غرض سے موسم واری مہینوں کی فہرست معہ تفصیلات لباس دفتر ہٰذا کی جانب سے سربراہ کی گئی۔ مقام مسرت ہے کہ عہدہ داران دفتر ہٰذا نے مذکورہ احکام کی سختی سے پابندی کی۔ ٹوپیاں جوتے اور ازار بند دفتر کے اسٹور سے مقررہ قیمت پر فراہم کیے گئے۔

(۲) ادبی امور :۔ عمومی تبصرہ۔ سال زیر تبصرہ کے دوران میں فحش نگاری کو عروج حاصل ہوا۔ فحش افسانوں کے مجموعے بکثرت شائع ہوئے اور دفتر ہٰذا کے شعبہ اعداد و شمار کی معلومات کی بموجب یہ مجموعے ہاتھوں ہاتھ

فروخت ہوئے۔

افسانوں کی تیکنک میں بھی بنیادی تبدیلی عمل میں آئی۔ ان افسانوں میں حقیقت نگاری نقطۂ کمال پر پائی گئی۔ ارباب دفتر ہذا کی رائے ہے کہ فحش نگاری نئے لکھنے والوں میں بڑی حد تک مقبول ہوئی ہے۔ سال زیر تبصرہ میں نئے افسانہ نگاروں کی کہانیاں مختلف جرائد میں شائع ہوئی ہیں اور اگرچہ لکھنے والے نومشق اور جواں سال ہیں تاہم ہونہار بروا کے چکنے چکنے پات کا مقولہ ان پر پوری طرح صادق آتا ہے۔ ارباب دفتر ہذا فحش نگاری کی موجودہ رفتار سے مطمئن ہیں۔ فلمی یا نیم ادبی جرائد میں جو تصاویر چھپی ہیں وہ بھی معقول حد تک ہیجان انگیز ہیں اور عوام کی ضروریات کو کماحقہ پورا کرتی ہیں۔

سال زیر تبصرہ فلمی رسائل کے لئے بڑا مبارک ثابت ہوا۔ اکثر فلمی جرائد کی اشاعت ایک لاکھ تک پہنچ گئی۔ اسکول جانے والے لڑکوں اور لڑکیوں میں ان جرائد کو بہت مقبولیت حاصل ہوئی۔ ان رسائل میں جو مضامین و خبریں شائع ہوئیں اُن سے ہماری نئی پود نے خاطر خواہ استفادہ کیا۔ بالخصوص ایکٹریسوں کی وہ تصاویر جو فلمی جرائد کے خصوصی فوٹوگرافروں نے لیں اور ان رسائل میں شائع ہوئیں ہماری نئی پود کی ذہنی نشو ونما کے لئے بہت مفید ثابت ہوئیں۔

شعر و شاعری کے میدان میں بھی سال زیر تبصرہ کے دوران میں کئی لوگوں نے تیر مارے۔ وزن سے گرے ہوئے اور مطلب سے عاری

اشعار پر مشتمل سینکڑوں نظمیں شائع ہوئیں اور پسند کی گئیں۔ یہاں یہ امر قابل ذکر ہے کہ دفتر ہذا باوجود سعئ بسیار مُلک کے شعراء کی تعداد کا ہنوز تعین نہیں کر سکا ہے۔ دفتر ہذا نے سال گزشتہ حکومت کے محکمۂ مردم شماری سے یہ خواہش کی تھی کہ مردم شماری کے تختہ میں پیشۂ شاعری کے کالم کا اضافہ کیا جائے تاکہ مُلک کے اس اہم اور ذمہ دار طبقہ کے بارے میں قطعی اعداد و شمار حاصل ہو سکیں۔ مہربان حکومت اس تجویز پر عمل کرنے کے متعلق سوچ رہی ہے۔ خود محکمۂ مردم شماری میں اس وقت شعراء کی تعداد، محکمہ کی پریشانی کا باعث بنی ہوئی ہے۔

جاسوسی ناولوں کا رواج ملک میں اچانک عام ہو گیا۔ کئی لوگوں نے آپس میں سازش کر کے ملک کے مختلف مقامات سے جاسوسی ناولوں کا سلسلہ شروع کیا۔ پڑھا لکھا طبقہ اس گہری سازش کا بُری طرح شکار ہوا۔ جاسوسی ناولوں کو جرائم پیشہ طبقہ میں قبولیت حاصل ہوئی۔ اور مُلک میں چوری اور ڈکیتی کی وارداتوں میں معتد بہ اضافہ ہوا۔

سالِ زیرِ تبصرہ میں کئی ادبی رسائل جاری ہوئے اور ایک یا زیادہ سے زیادہ دو اشاعتوں کے بعد بند ہو گئے۔ ان کے معزز اور متدین اڈیٹروں نے دوسرے ناموں سے دوسرے رسائل شائع کئے اور عوام کی جیبوں پر ڈاکہ ڈالا۔ مُقامِ شُکر ہے کہ یہ سلسلہ ہنوز قائم ہے۔

سال زیر تبصرہ میں مُلک کے کونے کونے میں مُشاعرے بھی برپا ہوئے جن میں بھانت بھانت کی نظمیں اور غزلیں سنائی گئیں۔ عہدداران دفتر ہذا، جنہوں نے اِن مشاعروں میں شرکت کی، اِن کی رائے ہے کہ شعراء نے ترنّم کی

حد تک بہت ترقی کی ہے جس کی وجہ سے بحر کے بدل جانے یا شعر کے وزن سے گر جانے کی بات گرفت سے باہر ہو چکی ہے۔ مشاعروں کے ذریعہ مشہور ہونے کا آسان نسخہ کئی غیر شاعروں کو بھی بہت بھایا اور انہوں نے بھی شاعری میں دخل دینا ضروری سمجھا۔ جو شاعر نہ بن سکے انہوں نے مشاعرہ کے معتمد بن کر ہی اسٹیج پر آنے میں اپنی عزت سمجھی۔

(۴) **تاثرات:**۔ سال زیر تبصرہ کے دوران میں دنیائے شعر و ادب میں جو واقعات رونما ہوئے اُن کی بنا پر دفتر ہذا کی رائے ہے کہ ۱۳۷۳ف میں نظم و نثر سے اَن پڑھ اور غیر تعلیم یافتہ طبقہ کو خاص طور پر دلچسپی پیدا ہوئی۔ کہنہ مشق ادیبوں اور شاعروں کو معاشی فراغت حاصل ہوئی۔ سفرنامے لکھنے والے فلم پروڈیوسر بن گئے۔ اور ایسے نیم تعلیم یافتہ حضرات جو بیامن بردار یا فلوسی کی حیثیت رکھتے تھے، اپنے ناول خود شائع کرنے لگے۔

دفتر ہذا کو اس امر کی بھی اطلاع ملی ہے کہ بعض پروفیسر صاحبان نے غیر زبانوں سے کتابوں کے ترجمہ کا کام اپنے ذمہ لیا اور بیروزگار مترجموں سے یہ کام اپنے نام سے کروایا۔ بعض پروفیسروں نے "تذکرے" لکھنا شروع کئے اور خود کو ادیب و نقاد سمجھا۔ یہ سب ادب کے لئے فالِ نیک ہے۔ دفتر ہذا اخیر میں نظم و نثر کی موجودہ ترقی کی رفتار پر اطمینان کا اظہار کرتا ہے اور اس بات کی بشارت دیتا ہے کہ ہر پانچ پیدا ہونے والوں میں ایک شاعر، ایک ناول نویس اور ایک نقاد ضرور پیدا ہوگا۔ باقی دو البتہ کوئی معقول پیشہ اختیار کریں گے۔

گرہست شاستر

پیش لفظ: ــــ شادی کرلینا ایک نہایت ہی ادنیٰ بلکہ حقیر کام ہے جسے دُنیا کا ہر شخص خواہ وہ کتنا ہی گیا گزرا کیوں نہ ہو بآسانی انجام دے سکتا ہے شادی کرنا چونکہ ایک مذہبی اور شرعی فعل ہے اس لئے شادی کے لئے علمی قابلیت، ذہنی استعداد، وجاہت، صورت شکل وغیرہ کسی چیز کی ضرورت نہیں۔ یہ قیود صرف اہلکاری، جمعداری وغیرہ کے لئے ہیں۔ شادی ہر قید سے آزاد اور ہر شرط سے پاک ہے۔ شادی کے لئے دنیا میں پیدا ہونا اور پیدا ہوکر جوان ہو جانا بہت کافی ہے۔ بعض صورتوں میں شادی کے لئے جوان ہونے کی شرط کی بھی ضرورت نہیں ہوتی۔ کمسنوں کے علاوہ ضعیف و معمّر لوگ بھی شادی کر سکتے ہیں اور کرتے آئے ہیں۔ نتیجتہً شادی کرنے اور کرکے پچھتانے کا عام رواج ہے جو آدم تا ایندم چلا آرہا ہے۔ شادی ہر کس و ناکس کرتا ہے کیونکہ شادی بشارت، اعمال جزو مقدر ہے اور انسانی زندگی آفات و بلیات سے عبارت ہے۔ انسان خطا و نسیان کا پتلا ہے اور قدرت نے اسے صرف اس لئے پیدا کیا ہے کہ وہ زندگی اور پھر زندگی میں ازدواجی زندگی کا مزہ چکھ لے اور کہے کہ ؎

ہم بھی کیا یاد کریں گے کہ خدا رکھتے تھے

ازدواجی زندگی میں جو لوگ اپنی عمر عزیز کا بڑا حصہ ضائع کرچکے ہیں اُنہوں نے اپنے پیچھے آنکھ بند کر کے چلے آنے والوں کے لئے چند اصول لکھ چھوڑے ہیں انہیں اصولوں کا نام گرہست شاستر ہے۔

اردو زبان میں اب تک کئی گرہست شاستر یں لکھی جا چکی ہیں جن کے کئی کئی ایڈیشن چھپنے کے اشتہارات اس بات کا ثبوت ہیں کہ ان کے مصنفین کی ازدواجی زندگی خواہ کتنی ہی گئی گزری کیوں نہ ہو معاشی حیثیت سے وہ ضرور بے فکروں میں شمار ہونے لگے ہوں گے اور تھوڑا بہت انکم ٹیکس بھی ادا کرتے ہوں گے۔ لیکن یہ شاستر یں اب پرانی ہو چکیں۔ شوہروں اور بیویوں کے طرز فکر اور طرز معاشرت میں معاشی و سیاسی انقلابات نے بڑی تبدیلیاں پیدا کر دیں۔ اور اس وقت مارکٹ میں کوئی ایسی گرہست شاستر موجود نہیں جو ان گرفتار شوہروں کے لئے مشعل راہ ہو اور ان کی نجی ضروریات کو پورا کرسکے۔ اسی قومی و ملی ضرورت کو پورا کرنے کی غرض سے زیر نظر مقالہ نذر ناظرین کیا جا رہا ہے۔ اہل نظر اس مقالہ کو یقیناً کام کی چیز پائیں گے۔

فاعتبروا یا اولی الابصار۔

گرہست شاستر (پہلا حصہ)

(کم عقل شوہروں کیلئے)

بنیادی اصول: کسی نے کہا ہے "عورت کا پریم مثل ربر کے ہے جتنا عورت سے پریم کرو وہ اتنا ہی زیادہ بڑھتا اور پھیلتا ہے" اس لئے

نوگرفتار شوہروں کو اوّلیں مشورہ یہی دیا جاتا ہے کہ وہ اس پریم کے بازار میں پوری پوری احتیاط برتیں تاکہ یہ ربر زیادہ پھیلنے نہ پائے۔ اکثر گرہست شاستروں میں ہنری ونسنٹ کا مقولہ عموماً نقل کیا گیا ہے۔ موصوف کا کہنا ہے "ایک عالی دماغ عورت کی صُحبت ہر مرد کی زندگی کے لئے اچھی چیز ہے" ہماری رائے میں گرہست شاستر یں لکھنے والے شوقین اس مقولہ کو گرہست شاستروں کے لئے چُن کر ہنری ونسنٹ کے ساتھ سخت ناانصافی کرتے ہیں اس مقولہ کو تو اُن کتابوں کی زینت بننا چاہئے جو شادی کی مخالفت میں لکھی جائیں۔ عورت کے ساتھ دماغ اور مزید برآں عالی دماغ کی شرط عائد کرکے ہنری ونسنٹ نے اپنے آپ کو دنیا کا بہترین طنز نگار ثابت کر دیا ہے۔ شیخ سعدی کا قول ہے "اُس گھر میں خوشی اور خوش حالی بار نہیں پا سکتی جس سے عورت کے چیخنے چلانے کی آواز باہر آیا کرتی ہے" اس کا مطلب صاف ہے۔ جو چیخے چلائے نہیں اُس کے عورت ہونے میں شبہ ہے لیکن اس حقیقت کو جان لینے کے بعد بھی شوہروں کو ہمت اور استقلال سے کام لینا چاہئے۔ اور ازدواجی زندگی میں مبتلا ہونے کے بعد اس امر کا خاص طور پر خیال رکھنا چاہئے کہ عورت خواہ خود گھر کے باہر ڈولی یا ڈولے میں چلی جائے لیکن اُس کی چیخ و پکار گھر کے باہر نہ جانے پائے۔ غالب نے اس کی بڑی کوشش کی لیکن اُن کی کوششوں کا کوئی مفید نتیجہ برآمد نہ ہو سکا پس مرحوم نے شعر کہا کہ ؎

رہیے اب ایسی جگہ چل کر جہاں کوئی نہ ہو
ہم سخن کوئی نہ ہو اور ہم زباں کوئی نہ ہو

موجودہ پرابلم بھرپور دَور میں تبدیل مکان کا سوال ہی نہیں پیدا ہوتا اس لئے ہمارے نوجوان شوہروں یا شوہر نما مردوں کو پوری تندہی کے ساتھ عورتوں کے حلق سے اُن کی چیخ و پکار دھیم سروں میں نکلوانے کی کوشش کرنی چاہیئے بلکہ زیادہ بہتر ہوگا کہ شادی کے بعد وہ ایسے مکان میں رہائش اختیار کریں جو ساؤنڈ پروف ہو یا گھر میں ریڈیو کا بھی ہونا ضروری ہے تاکہ نازک موقعوں پر ریڈیو کی آواز کو پردہ کے طور پر استعمال کیا جا سکے۔ متوسط درجہ کے لوگ گراموفون استعمال کر سکتے ہیں۔ ایسے حضرات جو شادی کرنے کی نوبت پر یوں اپنے مطالبات کی فہرست میں ریڈیو یا گراموفون کا ضرور اضافہ کرلیں۔

زیور اور لباس :۔۔۔ یہ ایک دردناک حقیقت ہے کہ عورتیں، علاوہ اور شوقوں کے، لباس اور زیور کی بڑی دلدادہ ہوتی ہیں۔ اس قسم کی بیویوں کے میاؤں کی توجہ اُن دو اشتہارات کی طرف مبذول کیجاتی ہے جن میں ریشمی کپڑا ایک روپے گز اور سونا دو[۲] روپے تولہ کا مژدۂ جانفزا سنایا گیا ہے۔ کپڑے کی دوکان دہلی میں اور سونے کی کان امرتسر میں ہے۔ ضرورت مند اصحاب نوٹ کرلیں۔ بنظر سہولت ہردو اشتہارات کی نقلیں بطور ضمیمہ مقالہ کے اخیر میں دی جائینگی۔ لیکن جو حضرات، مقالہ نگار کو ان دو[۲] فرمس کا کمیشن ایجنٹ سمجھیں گے وہ اپنی اس بدگمانی کا خمیازہ بروزِ حشر خود بھگتیں گے۔

تعریف کس کی کرنی چاہیئے :۔۔۔ بیویوں کو خوش رکھنے کیلئے پُرانی گرہست شاستروں میں یہ ترکیب لکھی گئی ہے کہ شوہر موقعہ بے موقعہ

اپنی بیویوں کی صورت شکل کی تعریف کیا کریں۔ ہوسکتا ہے کہ اب تک یہ نسخہ کارگر ثابت ہوا ہو لیکن نئی قسم کی زوجائیں ایسے معمولی ٹوٹکوں سے قابو میں آنے والی چیز باقی نہیں رہیں۔ اُن کی ذہنیتیں یکسر بدل چکی ہیں اور غالباً انہیں کسی نامعلوم ذریعہ سے یہ پتہ چل چکا ہے کہ اُن کی صورت شکل کی تعریف کرکے مردوں کی عاقبت کافی خراب ہو چکی ہے۔ موجودہ زمانہ میں تین عورتوں کو فلم دیکھنے کا شوق ہے ــــــ اور یہ شوق سبھی کو ہے۔ اُن کے سامنے خود اُن کی اپنی تعریف کرنے کے مقابلہ میں اُن کی پسندیدہ ایکٹرسوں کی تعریف کرنا زیادہ سودمند مانا گیا ہے۔ نئے خیالات کی بیویاں اپنے شوہروں کی اِس بلندئ نظر اور پاکیزگئ ذوق کے اظہار پر بڑی خوش ہوا کرتی ہیں۔ لیکن اس بات کا خیال رکھا جائے کہ بیویوں کے سامنے سوائے ایکٹرس کے اور کسی عورت کی تعریف نہ کی جائے ورنہ بجز نقصان اور کچھ ہاتھ نہ آئیگا۔ اب یہ بات عورتیں ہی جانیں کہ اس تضادِ خیالی میں اُن کی کیا مصلحت ہے۔

ایکٹنگ سیکھنی چاہیئے:۔ پچھلے چند برسوں سے دیکھا جارہا ہے کہ جو شوہر اداکاری کے فن سے بے بہرہ ہیں وہ ازدواجی زندگی کے محاذ پر ناکام ثابت ہوتے ہیں۔ اس لئے شوہروں کو تھوڑی بہت ایکٹنگ ضرور سیکھنی چاہیئے تاکہ گھر میں مختلف اوقات میں موقعہ و محل کی مناسبت سے محبت، خفگی اور رنج و غم کے اظہار میں مدد ملے اور بیوی کو بخوبی متاثر کیا جاسکے۔ میاں بیوی کی اعصابی جنگ اور سرد لڑائی میں فتح اُسی کی ہوتی ہے جو حسبِ موقعہ بہتر ایکٹنگ کرسکے۔ زمانہ اب وہ نہیں جو پہلے تھا لیکن

پہلے بھی حق کو کب فتح نصیب ہوئی ہے۔

پڑوسن کا معاملہ: ــــ شوہروں کو یہ بھی معلوم ہونا چاہیئے کہ ہر شخص کی ازدواجی زندگی پر کسی نہ کسی پڑوسن کا بلاواسطہ یا بالواسطہ ضرور اثر پڑتا ہے بیویاں اگر اپنا راز کسی سے کہتی ہیں تو پڑوسن سے۔ میکے کے "خفیہ پولیس در آغوش" لوگوں کے بعد اگر بیویوں کا کوئی مونس و غمخوار ہوتا ہے تو پڑوسن اُن کے دُکھ درد کا کوئی ساتھی ہے تو پڑوسن۔ غرض یہ کہ اُن کے ہر مرض کی دوا پڑوسن ہے۔ کسی نوبت پر ممکن ہے آپ کو یہ شبہ ہونے لگے کہ یہ پڑوسن ہے یا زندہ طلسمات کی بڑے سائز کی شیشی۔ آپ جب بھی گھر میں داخل ہوں گے تو یا تو پڑوسن آپ کی بیوی کے گھٹنوں سے لگی میٹھی پان چھالیہ سے شوق فرمارہی ہوگی، یا خود بیوی پڑوسن کے ہاں غائب ہوں گی۔ یاد رکھئے پڑوسن سُرخ خطرہ ہے۔ اور اِس کی جناتی موجودگی میں آپ کے اقتدار اور آپ کی دستارِ فضیلت کی خیر نہیں۔ بس اگر آپ اس خطرے کی بُو سُونگھ چکے ہیں تو عملی قدم اٹھانے میں دیر نہ کیجئے۔ پڑوسن سے چھٹکارا پانے کی ایک اور صرف ایک ترکیب ہے۔ پڑوسن کی کبھی بُرائی مت کیجئے بلکہ بیوی کے سامنے اُس کی تعریفیں شروع کردیجئے۔ دوسرے ہی دن انشاء اللہ آپ کے گھر کا دروازہ، پڑوسن پر ہمیشہ ہمیشہ کے لئے بند ہوجائے گا۔ بلکہ ممکن ہے آپ کے سامنے مکان بدلنے ہی کا مطالبہ پیش ہوجائے۔

میاں بیوی کی اَن بَن: ــــ میاں بیوی کی اَن بَن مشہور ہے اور یہ ہوتی بھی بڑی دلچسپ ہے۔ مثال کے طور پر اگر انور اور اُس کی بیوی میں

ٹھن جائے تو کئی دنوں تک ٹھنی رہے گی حتیٰ کہ اس واقعہ فاجعہ کی اطلاع انور کے دوست اکبر کو پہنچے گی۔ اکبر کا جذبۂ دوستی فوراً جوش مارے گا اور وہ انور کے گھر پہنچ کر کسی نہ کسی ترکیب سے دونوں سخروں میں صلح کروا دے گا۔ اور جب دونوں میں صلح ہو جائے تو چپکے سے انور کے کان میں کہے گا کہ دو دن سے ہمارے گھر میں بھی یہی حال ہے اور میں نے بھی قسم کھا رکھی تھی کہ جب تک وہ کھانا خود پیش نہ کریں گی میں کچھ نہ کھاؤں گا۔ یہ سن کر انور کو بڑا دکھ ہوگا اور وہ فوراً اپنی بیوی کو اکبر کے ہاں بھیجے گا تاکہ معاملہ کی یکسوئی ہو جائے۔ یہ بالکل سلامتی کونسل کا سا معاملہ ہے۔ سلامتی کونسل میں بھی ساری دنیا کے مدبرین اور سیاس جمع ہوتے ہیں اور وہ اپنے ملک کے سوا باقی تمام ممالک کے نظم و نسق کے بارے میں نہایت ہی اعلیٰ درجہ کی تجاویز پیش کرتے اور دنیا والوں سے خراج تحسین حاصل کرتے ہیں یہ احمقانہ سلسلہ برسوں سے قائم ہے۔ لیکن بات میاں بیوی کی اَن بَن کی تھی۔ شادی کے بعد ابتدائی دنوں میں اَن بَن مطلق نہیں ہوتی کیونکہ یہ فرصت کا مشغلہ ہے۔ اعداد و شمار سے ثابت ہوتا ہے کہ عام طور سے یعنی ۹۰ فی صد سے بھی زیادہ واقعات میں میاں بیوی شادی کے تیسرے سال کے آغاز سے اپنے زندہ رہنے کا ثبوت دیتے ہیں۔ پہلے پہل یہ اَن بَن حرکات و سکنات اور اشاروں کنایوں کی حد تک رہتی ہے اور رفتہ رفتہ ترقی کر کے تیز و تند گفتگو اور طعن و تشنیع کا درجہ اختیار کرتی ہے۔ سپاہی اور پہلوان پیشہ خاندانوں میں یہ اَن بَن یا بوراؤ پہلوان اور مس نا ڈیا کے شاندار اور سنسنی خیز فلمی کارناموں کا روپ دھارتی ہے اور بعض سفید پوش لیکن

گرم مزاج لوگوں میں یہی اَن بَن سپر دشمنی ہو جایا کرتی ہے۔ اس لئے بزرگوں نے اَن بَن سے نمٹنے کے اُپائے لکھ دئے ہیں جن میں سب سے زیادہ مضحکہ خیز اُپائے یہ ہے کہ اَن بَن ہونے ہی نہ پائے۔ ہم اپنے مقالہ میں ایسی مہمل تجویز لکھ کر ناظرین کا دل نہیں دکھانا چاہتے۔ اس میں شک نہیں کہ عام طور پر میاں بیوی قسم کے لوگوں کو یہ کوشش کرنی چاہیے کہ اَن بَن نہ ہونے پائے اور اس میں ہمارے نزدیک صرف ایک ترکیب ہے کہ انسان خود کو واٹر پروف بنا لے۔

ہم بذاتِ خود ایسے لوگوں سے ملے ہیں جنہوں نے اپنے آپ کو واٹر پروف بنا لیا ہے اور ہم نے محسوس کیا ہے کہ ایسے لوگ حساس اور رقیق القلب لوگوں کے مقابلہ میں بدرجہا خوش رہتے ہیں۔ اُن کے گھر سے نہ تو بیوی کی آواز باہر نکلتی ہے اور نہ ہی باورچی خانہ کا دھواں لیکن اس کے باوجود اَن بَن ہونے کے امکانات بالکل ختم نہیں ہو جاتے کیونکہ دنیا کا کوئی گھر خواہ وہ سلامتی کونسل کے پریسیڈنٹ کا ہو یا جنرل سکریٹری کا اَن بَن سے محفوظ نہیں۔ اور اگر کسی گھر میں ایسا نہیں ہوتا تو اُسے گھر نہیں ہوٹل سمجھنا چاہیے۔ اس لئے ہم اَن بَن کو ازدواجی زندگی کا جزو لاینفک بلکہ زیادہ صحیح الفاظ میں طُرّۂ امتیاز سمجھتے ہیں۔ اس خیال کے تحت ذیل میں ایک عمل درج کیا جاتا ہے جو اَن بَن کے وقوع پذیر ہونے کے بعد شوہروں کو شروع کرنا چاہیے۔ اس عمل کے نتائج یقیناً مفید برآمد ہوں گے۔ عمل یہ ہے۔

عمل مصالحت:۔ لڑائی کا دن بخیر و خوبی گذر جائے اور رات جب اپنی زلفیں بکھیر دے تو شوہر اپنے بستر پر لیٹنے کے بعد پہلے اول کلمہ طیبہ پڑھے

اور پھر نہایت خضوع و خشوع کے ساتھ تاریخ عالم کے کسی بڑے ہیرو مثلاً نپولین بوناپارٹ، سکندر اعظم، امیر تیمور، راجہ پورس وغیرہ میں سے اپنی پسند اور یاد کے مطابق کسی ایک کا دھیان کرے اور دل ہی دل میں اس ہیرو کی تعریف کرے کہ واہ کیا جلیل القدر اور عظیم المرتبت آدمی تھا جس نے بڑی سے بڑی آفت کی پرواہ نہ کی اور ایک ہم ہیں کہ صرف ایک ادنیٰ بیوی سے اُن بَن ہو جانے پر زندگی سے بیزار ہو گئے ہیں۔ اُف ہے ہماری کم ہمتی پر۔ دیر تک انہیں شرمناک خیالات میں گم رہے اور سو جائیے۔ سوتے میں اگر بعد رات کی گڑبڑ نے مدد کی تو ضرور عبرتناک خواب دکھائی دیں گے۔ صبح تڑکے ہی اٹھ بیٹھیے اور حوائج ضروری سے فارغ ہونے سے پہلے قبلہ رو کھڑے ہو کر اپنے آپ پر نفرین بھیجیے۔ اس عمل کے لئے پانچ منٹ کا وقت کافی ہے۔ جب دل کی بھڑاس نکل جائے تو حوائج ضروری سے فارغ ہو۔ شوہر خود کو نہایت ہلکا پھلکا محسوس کرے گا۔ بعد ازاں شیو کرے۔ صاف ستھرے کپڑے پہنے۔ بالوں میں تیل اور آنکھوں میں سرمہ لگائے اور اس دوران میں کوئی تازہ فلمی دھن گنگناتا رہے۔ اس عمل سے شوہر کو اپنے رومَ رومَ میں خوشی کا جذبہ سرایت کرتا محسوس ہوگا۔ جب اطمینان کلی ہو جائے کہ وقت آپہنچا تو بیوی کی سمت مسکرا کر دیکھیے بلکہ ہو سکے تو بتیسی نکالیے۔ یقین واثق ہے کہ بیوی اس نمائش دندانی کا ترکی بہ ترکی جواب دے گی یعنی پہلے وہ شرمائے گی، جھینپے گی اور پھر اس طرح مسکرائے گی کہ اس کی آنکھوں میں آپ کو شوق نظر آنے لگیں گی۔ اب آپ کو فوری عملی اقدام کرنا چاہئے۔ عمل پورا ہو گیا جسے ناظرین نسخہ کیمیا سمجھیں اور عند الضرورت بلا تکلف استعمال کریں۔

راز کی بات: جہاں ہم نے اتنی بیش قیمت اور انوکھی باتیں بیان کر دی ہیں وہیں ایک راز کی بات ناظرین کو بتا دینا اپنا ذہبی فریضہ سمجھتے ہیں۔ وہ راز کی بات یہ ہے کہ بیویوں میں خواہ اور کوئی خوبی ہو یا نہ ہو ایک خوبی ضرور ہوتی ہے کہ وہ اپنے شوہروں کو شوہر کے دوستوں کے مقابلہ میں ہمیشہ بھولا بھالا اور معصوم سمجھتی ہیں اور شوہر کی ساری برائیوں کے لئے شوہر کو نہیں شوہر کے دوستوں کو ذمہ دار ٹھہراتی ہیں۔ اور اس عقیدہ پر وہ اپنا ایمان رکھتی ہیں۔ بس یہی ایک بات عورتوں کے سارے قصور معاف کروا دیتی ہے اور ہم مردوں کو اللہ میاں کی مصلحت کا قائل ہو جانا پڑتا ہے کہ انھوں نے عورتوں کو اتنا سمجھدار بنایا۔ آسان لفظوں میں یوں سمجھ لیجئے کہ حامد جو آپ کا نہایت ہی قدیم دوست ہے، آپکی بیوی کی نظروں میں اتنا ہی برا ہے جتنے آپ حامد کی بیوی کی نظروں میں برے ہیں لیکن لطف یہ ہے کہ آپ دونوں اپنی اپنی بیویوں کی نظروں میں نہایت سیدھے سادے انسان ہیں۔ بس اس کی کوشش کیجئے کہ بیوی کی یہ غلط فہمی ہمیشہ قائم رہے۔ اگر آپ نے اپنے گھر میں اپنے دوستوں کی پارسائی جتانی چاہی تو آپ جیسا نا اہل اور نادان شخص کوئی اور نہ ہوگا۔ لیکن دنیا میں ایسے بھی بد قسمت بستے ہیں جن کی بیویاں الٹی سمجھ رکھتی ہیں اور جو اپنے شوہروں سے کہتی ہیں کہ تم تو تباہ ہو ہی چکے اپنے دوستوں کو بھی تباہ کر رہے ہو۔ اس قسم کی دہشت پسند بیویوں سے نمٹنا ذرا مشکل ہے ہم اگر قنوطی ہوتے تو ایسے لوگوں کو صبر و شکر کرنے کا مشورہ دیکر علیحدہ

ہو جاتے۔ لیکن یہ بات ہمارے منصب کے شایانِ شان نہ ہوگی۔ اسلئے ہم اپنے مقالہ میں ایسے کم نصیب شوہروں کے لئے بھی یہ نسخہ تجویز کرتے ہیں کہ اس قسم کی بیویاں رکھنے والے شوہروں کو بالکل ہی ناامید نہ ہونا چاہیئے بلکہ ان کی کوشش یہ ہونی چاہیئے کہ وہ ایسے دوست تلاش کریں جو خود ان سے بھی دو چار ہاتھ آگے ہوں۔ جب بیوی پر اپنے شوہر کے نئے دوستوں کا حال کھلے گا تو توقع کی جا سکتی ہے کہ اس کے خیالات میں خاطر خواہ تبدیلی ہوگی کیونکہ عورتوں میں موازنہ کرنے کی صلاحیت ضرور موجود ہوتی ہے اور یہی صلاحیت شوہروں کے حق میں فال نیک ہے۔

دس نکاتی پروگرام :۔ مقالہ ختم کرنے سے پہلے ہم اپنے ناظرین کے لئے ایک دس نکاتی پروگرام پیش کرنے کی سعادت حاصل کرنا چاہتے ہیں۔ جو شوہر مندرجہ ذیل پروگرام پر عمل کریں گے انہیں کبھی کوئی کشٹ نہ ہوگا :۔

۱۔ اگر تم ملازم پیشہ ہو تو کبھی بیوی کو نہ بتاؤ کہ تمہاری تنخواہ کیا ہے۔

۲۔ گھر میں خاموش رہنے کی عادت ڈالو۔ شادی کے پہلے ہی دن پر یہ ظاہر کرو کہ تم کم سخن ہو۔ باتیں جتنی کم ہوں گی اتنا ہی سکون ہوگا۔

۳۔ جب بیوی کو کہیں ساتھ لے جاتا ہو تو اُسے کم سے کم چھ گھنٹوں کی مہلت دو۔

۴۔ بیوی کی طرف ہمیشہ مسکرا کر دیکھو۔ لیکن اس طرح نہیں کہ اُسے شبہ ہو جائے کہ

تم اسے احمق سمجھ کر مُسکرایا کرتے ہو بلکہ کچھ اس طرح جس سے وہ سمجھے کہ تم خدا کی قدرت کا تماشہ دیکھ کر مسرور ہوتے ہو۔ بہرحال گھر میں ہمیشہ تمہاری باچھیں کھلی رہیں۔

۵۔ بیوی سے جب بھی بات کرو تو دھیمی آواز سے گویا قبر کے اندر سے بات کر رہے ہو۔ اس کی باضابطہ مشق کرنی چاہیئے۔

۶۔ بیوی کو جب بھی خط لکھو تو اپنے خط میں دو چار اشعار ضرور لکھو مثلاً ؂

کبھی بھیجا نہ تو نے ایک پرچہ
ہمارے دل کو پرچایا تو ہوتا

یا یہ کہ ؂

تم نے کیا نہ یاد کبھی بھول کر ہمیں
ہم نے تمہاری یاد میں سب کچھ بھلا دیا

اگر زندگی نے وفا کی اور غم ایام نے فرصت دی تو شوہروں کیلئے نمونے کے اشعار علیحدہ چھپوائے جائیں گے۔ لیکن یہ کوئی حتمی وعدہ نہیں ہے اس لئے شوقین حضرات اپنے مطلب کے اشعار خود تلاش کر لیں۔

۷۔ اپنی بیوی میں دُنیا کی خوبیاں مت ڈھونڈو۔ اگر بیوی میں حسن اتفاق سے ایک آدھ بات بھی کام کی نظر آجائے تو اسے غنیمت سمجھ کر اپنی خوش قسمتی پر ناز کرو اور سجدۂ شکر بجا لاؤ۔

۸ ۔ اس لمحہ سے ڈرو جب بیوی رونے پر آجاتی ہے ۔
۹ ۔ شادی کرنے کے بعد اپنی زندگی کا ضرور بیمہ کروالو۔
۱۰ ۔ اور آخری نکتہ یہ ہے کہ صبر کرنا سیکھو ۔

حصۂ اول ختم ہوا ۔ حصۂ دوم میں بیویوں کے لئے گرہستِ شاستر کے اصول وضوابط بیان کئے جائیں گے ۔ اس بارے میں خط وکتابت کی عام اجازت ہے ۔ اور جو خواتین شخصی طور پر مقالہ نگار سے ملنا چاہیں انکے پردہ اور چائے پان کا معقول انتظام کیا جائے گا ۔

صحت اور زندگی

یہ بات کہنے کی نہیں ہے کہ صحت اور زندگی کے لئے ہوا اور پانی کے علاوہ غذا بھی ضروری ہے لیکن عوام جو جسمانی کمزوری کے علاوہ دماغی کمزوری میں دن دونی رات چوگنی ترقی کر رہے ہیں ممکن ہے یہ بات بھول گئے ہوں اس لئے مضمون کی ابتدا ہی میں غذا کی اہمیت کے بارے میں توجہ دلانی پڑی۔

آج کل ہر چیز کی ایک صورت حال ہوا کرتی ہے۔ غذا کی صورت حال غذائی صورت حال کہلاتی ہے جو اس وقت ایک نازک اور فیصلہ کن دور سے گزر رہی ہے۔ زمین، جو پہلے زمانہ میں وافر غلہ کے علاوہ زر و جواہر بھی پیدا کرتی تھی۔ آجکل چونکہ سیاست دانوں اور لیڈروں کو پیدا کرنے میں مشغول ہے اس سے وافر غلہ پیدا کرنیکے امکانات کم سے کم ہوتے جا رہے ہیں۔ زمین کی اس نئی مصروفیت کے علاوہ آبادی کی بڑھتی ہوئی رفتار کو ملحوظ رکھا جائے تو ہم اس نتیجے پر پہنچنے پر مجبور ہیں کہ وہ دن دور نہیں جب غلہ اور موٹر کار کی قیمت ہم پلہ ہو جائے گی۔ اس صورت حال سے نمٹنے کے لئے ہمیں قبل از قبل تیار ہو جانا چاہئے اور غذا کا بدل تلاش کرنے میں دیر نہیں کرنی چاہئے۔ یوں بھی ہماری موجودہ

غذائیں نہایت فرسودہ اور غزل کے مضامین کی طرح پامال ہو چکی ہیں فرسودہ چیزوں سے عوام کو جو ہمیشہ سے انقلاب پسند اور بغاوت پرست رہے ہیں احتراز کرنا چاہیے اور بالخصوص ان حالات میں جب کسی نہ کسی دن یہ قدیم اور کہنہ غذائی اجناس ان کی دسترس سے خود باہر ہو جانے والی ہیں۔ عوام کو اپنے لئے نئی غذا منتخب کر لینی چاہیے۔ پرانی غذا اور نئے سکوں کا بھی کوئی میل نہیں۔

قبل اس کے کہ ہم "نئی غذا" کی تفصیل پیش کریں نا پاسی ہوگی اگر ہم اپنے حکیموں، ویدوں اور محققین کی کوتاہ علمی اور کم مائیگی پر اظہارِ افسوس نہ کریں۔ یہ امر واقعی افسوسناک اور حیرت انگیز ہے کہ ہمارا پڑھا لکھا طبقہ بہت سی ایسی اجناس سے ناواقف ہے جو وٹامن سے مالا مال ہیں۔ ایسی اجناس دنیا میں بکثرت موجود ہیں جن کے جائز استعمال سے ہمارے بھائی بہنوں کی نہ صرف صحت بلکہ ازدواجی زندگی بھی بہتر ہو سکتی ہے۔ محققین کی یہ ناواقفیت ملک و قوم کو کافی نقصان پہنچا چکی ہے اور کئی بھرے پُرے گھر تباہ و برباد ہو چکے ہیں۔ وہ تو کہیے کہ لوگ خود ہی حالات زمانہ کی خوبیوں میں اتنے الجھ گئے ہیں کہ انہیں سوچ بچار یا غور و فکر کے مواقع نصیب نہیں ہوتے ورنہ محققین کی وہ لے دے ہوتی کہ اُن کی عافیت خطرے میں پڑ جاتی۔ ہم اپنے اس مضمون میں صحت بخش مفید اجناس کی ایک فہرست بھی پیش کریں گے تاکہ عوام ان چیزوں سے تو محروم نہ رہیں جو اُن کی قوت خرید سے باہر نہیں ہیں

اس فہرست کا مطالعہ آپ کو بتائے گا کہ طاقت بخش اجناس بھی کس قدر ارزاں اور سستی ہو سکتی ہیں۔

غذا کھانے کا پہلا اصول تو یہ ہے کہ ہر وہ چیز جو جسم میں مُنہ کے ذریعہ شکم پُری کے لئے داخل کی جائے یہ سمجھ کر نوش کی جائے کہ اس چیز میں وٹامن ہی وٹامن ہیں۔ اس اعتقاد کے ساتھ آپ جو چیز بھی کھائیں گے وہ آپ کے جسم کے درمیانی اور زیریں حصہ میں بیٹھنے سے پہلے تو ان جائے گی تاریخ شاہد ہے کہ اس اصول کو پیش نظر رکھ کر غذا کھانے والے افراد نے قوموں کے تختے اُلٹ دئے اور طوفانوں کے مُنہ پلٹ دئے ہیں۔

غذا کھانے کا دوسرا اصول یہ ہے کہ غذا جب بھی جہاں کہیں اور جب بھی میسر ہو کھالی جائے۔ وقت مقررہ پر غذا کھانا مسلسل کفرانِ نعمت کے گناہ کے علاوہ مستقل خود فریبی ہے۔ انسان کا معدہ ازل کا بھوکا ہے اور یہ تصور کر لینا کہ سوائے کسی وقت خاص کے معدہ کوئی چیز قبول نہیں کرتا بعید از حقیقت ہے۔ ہر وقت ہمیشہ کھانے والے افراد قوم و مُلک کا سرمایہ ہیں۔ میر جعفر، میر صادق جیسے بزرگانِ قوم اسی قبیل سے تعلق رکھتے ہیں عورتوں میں قلوپطرہ اور رانی کیکئی بھی ہمیشہ غذا کھانے کی عادی رہی ہیں۔

غذا کھانے کا تیسرا اصول یہ ہے کہ غذا بھوک سے زیادہ کھائی جائے اور کھا کر کبھی ڈکار نہ لی جائے۔ ڈکار لینا علی الاعلان اپنی کم ہمتی اور تنگ ظرفی کا اظہار کرنا ہے۔ یہی وجہ ہے کہ انگریزی تہذیب

ڈکار لینا بلحاظ مندرجہ بالا مُبیل قطعی ممنوع ہے۔ انگریز اپنی قوت ہاضمہ کی بدولت ہندوستان جیسے وسیع و عریض ملک کو برسوں تصرف میں لاتے رہے لیکن اُن کی متانت اور ایٹی کیٹ کی داد دیجئے کہ دو سو سال کے طویل عرصہ میں انہوں نے ایک مرتبہ بھی ڈکار نہیں لی۔ مشرق چونکہ ہمیشہ بھولے پن اور راست بازی کی عادت قبیح کا شکار رہا ہے اس لئے دنیا کے اس خطہ پر ڈکار لینا معیوب نہیں سمجھا جاتا اور لوگ پیٹ پر ہاتھ پھیر پھیر کر ڈکاریں لیتے اور خوش ہوتے ہیں۔ بعض ڈکاریں صوتی اعتبار سے گو بڑی دل ہلا دینے والی ہوتی ہیں لیکن ڈکار خواہ وہ کسی قسم کی ہو شکست خوردگی کی علامت ہے۔ وہ لوگ جو بہت زیادہ کھا کر بھی ڈکار نہیں لیتے اعلیٰ مرتبوں کے لئے موزوں ترین اشخاص تصور کئے جاتے ہیں۔ پیر و مرشد پنڈت اور پجاری فرقہ کے لوگ اچھی اور اعلیٰ قسم کی ڈکاروں کے ماہر سمجھے جاتے ہیں اور ان کی ڈکاروں کا مقابلہ کرنے کی سکت کسی اور شخص میں نہیں۔ یہ ڈکاریں صرف ریاضت اور تپسیا کا پھل ہوتی ہیں۔

سستی غذاؤں کی فہرست پیش کرنے اور اُن کے خواص بیان کرنے سے پہلے ہم اپنے جز معاش قارئین کو دوبارہ یاد دلانا ضروری سمجھتے ہیں کہ دنیائے ناپائدار میں اشیائے خوردنی اور مشروبات نوشیدنی کی کمی نہیں۔ کھانے پینے کی چیزیں چپہ چپہ پر موجود ہیں۔ یہ اور بات ہے کہ انسان نے اپنے آپ کو روایات کا غلام بنا کر اپنی غذا کو چند مخصوص اجناس کا پابند بنالیا ہے ورنہ

مقامات آہ و فغاں اور بھی ہیں۔

۱۔ **لکڑی کا برادہ :** ۔۔ جرمنی کے مشہور فزیشین، ڈاکٹر شچوابے جن کی زد سے طب و تحقیق کا نوبل پرائز بال بال بچا ہے، اپنی تصنیف "قومی غذا" میں لکھتے ہیں کہ لکڑی کے برادے میں وہ تمام خصوصیات موجود ہیں جو انسانی جسم کو لکڑی کے فرنیچر کی طرح مضبوط و پائدار بنا سکتی ہیں۔ ڈاکٹر شچوابے کی تحقیق کے مطابق یوں تو ہر قسم کی لکڑی کے برادے میں قومی غذا بننے کی صلاحیت موجود ہے لیکن موصوف کی رائے میں وہ لکڑی جسے دیمک لگ چکی ہے غذائی برادہ کے لئے زیادہ مفید ثابت ہوئی ہے۔ ہمارے ملک میں دیمک لگی ہوئی اشیاء کی کمی نہیں۔ بالخصوص دیمک زدہ لکڑی کا برادہ ہر جگہ آسانی سے دستیاب ہو سکتا ہے۔ کرڑ کے تیل اور گڑ کے ساتھ اگر اس برادہ کا ملیدہ تیار کیا جائے تو اچھے سے اچھے میٹھے اس کے سامنے ماند پڑ جائیں گے۔ ڈاکٹر شچوابے نے اپنی کتاب میں یہ امید ظاہر کی ہے کہ یہ برادائی غذا ۱۹۸۰ء تک ساری دنیا میں عام ہو جائیگی دنیا کی بڑھتی ہوئی آبادی اور گھٹتی ہوئی غذائی اجناس کو دیکھتے ہوئے ہم یہ توقع کر سکتے ہیں کہ ۱۹۸۰ء سے بہت پہلے ہی لکڑی کا برادہ بازار سے غائب ہو جائے گا اور بڑے بڑے بیوپاری اسے اسٹاک کر لیں گے۔

۲۔ **میوہ پات :** ۔۔ تر میوے کے درختوں کے پتے جنہیں بد قسمتی سے کسی کام کا نہیں سمجھا جاتا۔ بجائے خود میوہ ہیں۔ یہ عجیب بات ہے کہ ہمارے ہاں پان کے پتے عام طور پر کھائے جاتے ہیں لیکن وہ پتے جن میں غذائیت کوٹ کوٹ کر بھری ہوئی ہے درختوں ہی پر سوکھ کر پت جھڑ کے موسم کی نذر ہو جاتے ہیں۔ والے

بر حالِ ما۔ گائیں اور بکریاں عموماً پتے ہی کھا کر عمدہ دودھ دیتی ہیں اسلئے اگر انسان بھی اچھے اور اعلیٰ قسم کے پتوں کو جزو غذا بنالے تو اُسے گایوں بکریوں کا دست نگر نہ رہنا پڑے۔ یہ پات' بالخصوص عورتوں کو زیادہ سے زیادہ مقدار میں استعمال کرنا چاہیے۔ انجیر' آم' امرود اور کیلے کے پتے ٹھوس قسم کی غذاؤں کے لئے زیادہ کارآمد ہیں۔ سنگترہ' موسمی' لیموں' انار اور شہتوت کے درختوں کے پتے مربّوں اور عرق و شربت بنانے کے کام آتے ہیں۔ پیپل' بڑ اور ببول کے پتے' اچار اور چٹنیوں کی تیاری میں استعمال ہو سکتے ہیں۔

۲۔ چوبی روٹی:۔ نمکین اور میٹھی غذائیں خواہ وہ کتنی ہی اعلیٰ قسم کی کیوں نہ ہوں بغیر روٹی کے بیکار ہیں۔ روٹی کے لئے گیہوں جوار باجرا اور مکئی جیسی اجناس مستعمل و مروّج ہیں لیکن چند دنوں بعد یہ اجناس' ووٹ دینے والوں اور محنت مزدوری کرنے والوں کو شائد ہی میسّر آسکیں۔ ایسے لوگوں کو اپنے لئے علیحدہ روٹی کا بندوبست کرنا ہوگا۔ درختوں کی چھال کا آٹا حال حال ہی اُن ممالک میں استعمال ہوا ہے جن کا پرانی جغرافیہ میں نام و نشان نہ تھا۔ اس آٹے کی روٹی کو چوبی روٹی کا نام دیا جا سکتا ہے۔ چوبی روٹی کے استعمال سے صحت وغیرہ کے متاثر ہونے کا کوئی اندیشہ نہیں۔ درختوں کی چھال جس طرح درختوں کے اندرونی حصّے کی اچھی طرح حفاظت کر سکتی ہے اُسی طرح چھال کے آٹے کی روٹی' انسانی جسم کے اندرونی حصہ کی محافظ اور سنتری بن سکتی ہے۔ چوبی روٹی تحت الشعور کو بھی فائدہ پہنچاتی ہے چوبی روٹی کے استعمال سے بچوں اور نابالغوں میں شعری اور ادبی صلاحیتوں کے پیدا ہو جانے کے بھی قوی امکانات ہیں۔ چوبی روٹی کے

استعمال سے انسانی جسم کی کھال کے کھردری ہوجانے کا ضرور خدشہ ہے لیکن صرف کھال کی خوبصورتی یا نرمی کی خاطر ایک عمدہ اور مقوّی غذا سے روگردانی سیاسی و معاشی غلطی ہوگی اور بالخصوص ان حالات میں جبکہ انسانی جسم کی کھال کی خوشنمائی یا خوبصورتی سب سے سستی چیز تسلیم کی جانے والی ہے۔ مفت مہیا ہونے والی اس جنس (چوب روٹی) سے استفادہ نہ کرنا خودکشی اور قتل عمد کے مترادف ہے۔ لڑکیاں چاہیں تو شادی تک چوبی روٹی استعمال نہ کریں لیکن مردوں اور شادی شدہ خواتین کو کسی قسم کا عذر نہ ہونا چاہیئے۔ سیاسی حالات بتلاتے ہیں کہ آئندہ زمانہ میں ہر قسم کی کھال کے لوگوں کو عروج حاصل ہونیوالا ہے۔

۴۔ **کاغذی سوپ**:۔ کاغذ کی ردی بھی غذا کے طور پر استعمال کی جاسکتی ہے۔ ردّی کو پانی میں جوش دے اگر اس کا عرق نکال لیا جائے تو یہ عرق گلیکسو اور آسٹر ملک کا اچھا بدل ثابت ہوسکتا ہے اور اس دودھ سے ہونہار بچے تیار کئے جاسکتے ہیں۔ فرانی لولو کی انٹرنیشنل لیبریٹری نے حال ہی میں ردی کاغذ کا دودھ تیار کیا ہے جسے قبولیت عامہ حاصل ہورہی ہے۔ معزول بادشاہوں کے خاندانوں میں یہ دودھ عام طور پر استعمال ہورہا ہے۔ فرانی لولو کی انٹرنیشنل لیبریٹری کے کارپردازوں نے یہ بھی دعوی کیا ہے کہ یہ کاغذی سوپ سڑے ہوئے پھلوں کے رس کی آمیزش کے ساتھ نشہ آور اور مُسکّن ہے۔ کاغذی سوپ ہر گھر میں آسانی سے تیار ہوسکتا ہے۔ اور اخبارات کی ردّی کے علاوہ دفتری امثلہ، جاسوسی ناول اور شعراء کی بیاضیں سوپ کی تیاری میں استعمال ہوسکتی ہیں۔ پیک بند ڈبوں اور مہر بند شیشوں میں یہ سوپ مہینوں محفوظ رکھا جاسکتا ہے

سفر کرنے والوں کے لئے یہ بڑے کام کی چیز ہے۔

پارچے : ۔کمیکل اشیاء اور نشاستہ کی مدد سے تیار کیا ہوا کپڑا بھی غذا کا کام دے سکتا ہے۔صرف غذا تیار کرنے کی غرض سے کپڑوں کے تھان خریدنا مہمل بات ہوگی۔کپڑے کے چھوٹے چھوٹے ٹکڑے جو کترن کہلاتے ہیں' اس غذا کے لئے کافی ہیں۔کاغذی سوپ اور کترن سے بہترین مارملیڈ تیار ہو سکتا ہے۔یہ دودھ اور کارن فلیکس کا نعم البدل ہے۔اور ناشتہ میں بلا تکلف استعمال ہو سکتا ہے۔

سستی غذاؤں پر مشتمل نیوٹریشن چارٹ یعنی غذائی نظام نامہ مندرجہ ذیل ہے :۔

ناشتہ میں :۔ کاغذی سوپ پاؤ سیر' پارچے حسب مرضی' پان اور ہاتھی چھاپ بیڑی۔

دوپہر میں :۔ چوبی روٹی' اور برادائی غذا بہ شکل سالن یا بھاجی۔

شام میں :۔ میوہ پات کا مربہ اور عرق۔

رات میں :۔ کاغذی سوپ اور چوبی روٹی۔
میسر ہو تو چار مینار یا پیلا ہاتھی سگریٹ۔

اس غذا کے نظام نامے کو اپنا معمول بنایا جائے تو عوام اپنے لڑکوں کو عمدہ تعلیم اور لڑکیوں کو معقول جہیز دے سکیں گے۔

چوٹی کانفرنس

زعمائے کرام ابھی اپنی چوٹی کانفرنس کے انعقاد کے بارے میں حسبِ معمول لیت ولعل کی باتوں میں مصروف تھے کہ اچانک یکم اپریل کو علی الصبح بعد نمازِ فجر جب کہ نسیم سحری سونے والوں کو لوریاں دے رہی تھی چند زندہ دل خواتین نے اپنی چوٹی کانفرنس منعقد کر ڈالی ۔ اس کانفرنس کا آغاز حیدر آباد کے شہرۂ آفاق کھانے، زبان و نہاری، اور کلچہ و شیرمال سے ہوا۔ زبان نوش جان کرنے کے بعد عورتوں نے زبان کا حق ادا کر دیا اور کانفرنس کی کارروائی ابتدا سے آخر تک نقطۂ معراج پر رہی۔

کانفرنس ہال کو ریشمی چٹلوں، چنبیلی اور جوہی کے پھولوں سے گندھی ہوئی مصنوعی چوٹیوں اور رنگا رنگ موباف سے سجایا گیا۔ کانفرنس کی صدارت بیگم نصرت نے کی۔ بیگم نصرت نے چوٹی کے فیشن میں ندرت و جدت کا فقید المثال نمونہ پیش کیا۔ موصوفہ نے جملہ ایک درجن چوٹیاں ڈال رکھی تھیں جو اُن کے سر کے اطراف کنگورہ دار تاج کی شکل میں عجیب و غریب بہار دے رہی تھیں۔ حضارِ جلسہ نے انہیں متفقہ طور پر صدر منتخب کیا۔

بیگم شہریار نے جن کی سیاہ چمکدار دبیز چوٹی کے زیریں حصہ میں آب دار

موتی پروئے ہوئے تھے اپنی نظم سے کانفرنس کی کارروائی کو ہوا دی۔ بیگم شہر یار خواتین کے مشاعرہ کے انعقاد کے بعد ابھی حال حال میں شاعرہ بنی ہیں۔ موصوفہ نے اپنی نظم میں اُن خواتین پر کڑی تنقید کی جو اپنے بال ترشواتی ہیں یا جوڑا باندھتی ہیں۔ بیگم شہر یار نے جوڑے کو بھڑوں کے چھتے کا نام دیا۔ ان کی یہ تشبیہہ بے حد پسند کی گئی۔ اُن کی نظم کے دوران میں جو بآواز آواز میں پڑھی گئی "شرم شرم" کے کئی نعرے بلند ہوئے۔ بیگم شہر یار کی نظم کے بعد آنسہ مونس جمال نے اپنا مقالہ "عورتوں اور سادھوؤں کی چوٹیوں اور جٹاؤں کا تاریخی مطالعہ" سنایا۔ مقالہ میں چوٹی گوندھنے کے قدیم فن اور اُس کے فیشن سے متعلق تفصیلی بحث کی گئی۔ اور عہد قدیم سے لیکر آج تک کے مختلف ادوار کی ہر ڈھنگ اور ہر نمونہ کی چوٹی کے بارے میں وقیع معلومات پیش کی گئیں۔ آنسہ مونس جمال نے جس کاوش اور لگن سے اپنا مقالہ تیار کیا ہے وہ ڈاکٹریٹ کی ڈگری حاصل کرنے کی مشتاق و خواہش مند خواتین کے لئے سبق آموز ہے۔ اس دلچسپ مقالہ کے بعد روحی شمشاد اور صوفیہ رحمان نے ایک مکالمہ زلف و کاکل پیش کیا۔ یہ مکالمہ اس لحاظ سے قابل تعریف تھا کہ اس میں اُردو کے تمام بلند پایہ شعراء کے اشعار جو زلف و کاکل سے متعلق تھے مع شرح پیش کر دیئے گئے تھے۔ روحی شمشاد نے اپنے اشعار تحت اللفظ پڑھے اور صوفیہ رحمان نے ترنم کے ساتھ۔ صوفیہ رحمان بھی عام شاعروں کی طرح ناک میں پڑھتی ہیں۔ لیکن ان کی آواز بڑی رسیلی ہے۔ روحی شمشاد کو بھی شعر پڑھنے کا ڈھب خوب آتا ہے۔

نیند اُس کی ہے دماغ اُس کا ہے راتیں اسکی ہیں
جس کے شانوں پر تری زلفیں پریشاں ہوگئیں

صوفیہ رحمان نے غالب کا یہ شعر بڑی خوش الحانی سے پڑھ کر بازی جیت لی تھی لیکن روحی شمشاد نے ؎

اُس زلف پہ پھبتی شب دیجور کی سُوجھی
اندھے کو اندھیرے میں بڑی دور کی سُوجھی

کچھ اس انداز سے سُنایا کہ خواتین لوٹ پوٹ ہوگئیں ۔ اِسی شعر پر اِس منظوم و منثور مکالمہ کا خاتمہ ہوا اور بہت دیر تک تالیاں بجتی اور بجیاں روتی رہیں ۔ مکالمہ کے بعد طاؤس انجم، رباب خلیلی بنت السحر اشرف اور بیگم وقار نے چوٹیوں کو از سرِ نو مقبول عام کرنے اور اُن کا عزّ و وقار بڑھانے سے متعلق اہم قرار دادیں پیش کیں۔ بنت السحر اشرف نے اپنی قرار داد میں اس بات پر زور دیا کہ مخالف چوٹی خیالات رکھنے والی طالبات پر اعلیٰ تعلیم کے دروازے بند کردئے جائیں۔ طاؤس انجم نے کہا کہ سرکاری ملازمتیں صرف چوٹی ڈالنے والی خواتین کو دی جائیں ۔ بیگم وقار نے اپنے ریزولیشن میں چوٹی اسکول قائم کرنے کا مشورہ دیا تاکہ لڑکیوں کو امورِ خانہ داری کے علاوہ چوٹی گوندھنے کے فن میں طاق بنایا جا سکے ۔ بیگم وقار نے اپنی تقریر میں آٹا گوندھنے اور چوٹی گوندھنے کے فرق کی بھی بڑے عمدہ پیرایہ میں وضاحت کی ۔

رباب خلیلی نے اپنی قرار داد میں چوٹی نہ ڈالنے والی لڑکیوں کو

خارج از نکاح کرنے کی تجویز پیش کی۔ اس قرارداد پر کئی خواتین آگ بگولہ ہوگئیں اور جلسہ گاہ اسمبلی ہاؤز بن گیا۔ بیگم نصرت کا کنگورہ وارتاج اس دردناک نازک موقعہ پر بہت کام آیا۔ موصوفہ نے یہ رولنگ دی کہ چوٹیوں کو مقبول عام بنانا ہے تو عورتوں کو سوشل ورک کے طور پر یہ مہم انجام دینی چاہیے۔ صدر صاحبہ نے اپنی طولانی تقریر کا سلسلہ جاری رکھتے ہوئے فرمایا کہ خواتین کا فرض ہے کہ وہ گھر گھر چوٹی کی اپیل پہنچائیں اور مخالف چوٹی عناصر کے قلوب کو مسخر کرنے کی کوشش کریں۔ بیگم نصرت نے سات خواتین پر مشتمل ایک مجلس قائمہ کا اعلان کیا جو شہر میں سروے پارٹی کی حیثیت سے کام کرے گی اور سال آئندہ کے اختتام تک اپنی تحقیقاتی رپورٹ پیش کرے گی۔ اس مجلس قائمہ کی رپورٹ کی جانچ ایک کمیشن کرے گا جو زلف دوتا کمیشن کے نام سے موسوم ہوگا۔ زلف دوتا کمیشن مجلس قائمہ کی روشنی میں چوٹی کے رواج کو عام کرنے کے بارے میں ٹھوس اور مفصل تجاویز پیش کرے گا۔ ان تجاویز کو بارسوخ خواتین اور اُن کے شوہروں یا دیگر عزیزوں کے توسط سے اعلیٰ سطح پر قانونی شکل دینے کی کوشش کی جائے گی۔ بیگم نصرت نے اپنی صدارتی تقریر میں کہا کہ اگر خواتین نے مخالف چوٹی عناصر کو ختم کرنے کی مہم سر کی تو دنیا کو مزید کسی چوٹی کانفرنس کی ضرورت لاحق نہ ہوگی۔ کرسی صدارت سے یہ قرارداد بھی پیش ہوئی کہ چوٹی کانفرنس کے انعقاد کا حق صرف خواتین ہی کو ہے۔ مرد اگر ایسی کوئی کانفرنس منعقد کرتے ہیں تو ان کی گھروالیوں کو اُن کا سماجی مقاطعہ کرنا چاہیے۔ قرارداد متفقہ طور پر منظور ہوئی۔ بیگم نصرت نے

اپنی تقریر ختم کرتے ہوئے یہ بھی کہا کہ وہ اختلاجِ قلب کی مریضہ ہیں اور لکھنے پڑھنے کا وقت انہیں کم ملتا ہے تاہم حضارِ جلسہ کو انہوں نے اس بات کا یقین دلایا کہ بالوں کو بڑھانے اور سیاہ کرنے کے جو خاندانی نسخے اور ٹٹکلے اُن کے پاس محفوظ ہیں وہ بلا تکلف عام کردئے جائیں گے۔

سلطانہ شمسی نے صدر صاحبہ اور کانفرنس میں شرکت کرنے والی خواتین کا شکریہ ادا کیا۔ سلطانہ شمسی نے کہا کہ اگر بیگم نصرت اپنے خاندانی نسخے شائع کروادیں تو یہ ایک قومی اور ملی خدمت ہوگی۔ سلطانہ صاحبہ نے یہ بات خوب کہی کہ جب سے شہروں میں نظام گنج اور عثمان گنج وغیرہ قائم ہونے شروع ہوئے ہیں مردوں اور عورتوں میں گنج کی شکایت عام ہوگئی ہے۔

کانفرنس کے اختتام پر پان اور عطر سے خواتین کی تواضع کی گئی۔

کانفرنس کے جملہ اخراجات جن میں خواتین کا یک طرفہ خرچہ سواری بھی شامل ہے بیگم نصرت نے برداشت کئے۔

بارات

یہ میرے بڑے بیٹے کی بارات تھی' اور ایک گھوڑے پر سوار' زرق برق لباس پہنے' سہرا باندھے' مسکراتا اور شرماتا ہر ایرے غیرے کو مسلسل سلام کر رہا تھا۔ راستہ میں تل دھرنے کو جگہ نہ تھی۔ باراتیوں کا وہ اژدہام تھا کہ کھوے سے کھوا اچھل رہا تھا۔ میں سوچ رہا تھا کہ کتنی ریاضتوں کے بعد آج مجھے یہ موقعہ نصیب ہوا ہے کہ میں بھی اپنی آرزوئیں پوری ہوتی ہوئی دیکھوں۔ یکایک مجھے ۲۵ سال پہلے کی بات یاد آگئی۔

یہی ہلکے جاڑے کا موسم تھا اور ایسی ہی ایک سہانی رات تھی۔ ٹھیک پچیس برس پہلے میں بھی اسی طرح بیاہا گیا تھا اور مجھے بھی رات کے دو بجے ایک شریر النفس گھوڑے کی پیٹھ پر سوار کرا دیا گیا تھا گویا میں نوشاہ نہیں آغا خاں کے گھوڑوں کا جاکی تھا۔ میرا مرکب شان استغنا کے ساتھ محو خرام تھا اور اس سکندر شوکت دارا حشمت کو مطلق خبر نہ تھی کہ کوئی آفت زدہ اس کی پیٹھ پر بیٹھا اپنی جان کی خیر منا رہا ہے۔ میری بارات بھی بڑی دھوم دھام کی تھی۔ آتشبازی جو غالباً شرعاً ممنوع ہے اس رات بڑی فراخ دلی کے ساتھ روا رکھی گئی تھی تاکہ بعد میں کسی کو شبہ نہ ہو کہ نوشاہ یا اس کے اہل خاندان مسلمان تھے۔ میں بے چارہ پریشان حال خواہ مخواہ مسکرا مسکرا کر ہر شخص کو سلام

سلام کیئے جارہا تھا گویا میں ہر ایک کا مقروض ہوں ایک سعادت مند گھوڑے کے ساتھ ساتھ رواں دواں پنکھا جھل رہے تھے اور اپنے آپ کو بڑا خوش نصیب سمجھے ہوئے تھے۔ لیکن انہیں یہ پتہ نہ تھا کہ اُن کے پنکھے کی ہوا مجھ سے زیادہ گھوڑے کو فائدہ پہنچا رہی تھی حالانکہ درحقیقت شادی میری ہوئی تھی نہ کہ گھوڑے کی۔ ہر پچیس تیس قدم کے بعد ایک آدھ انار چھوڑ دیا جاتا تھا تاکہ گھوڑا بدک کر نوشاہ کے رہے سہے اوسان بھی فنا کردے۔ وردی پوش بینڈ بجانے والے جوش و خروش کے ساتھ قوالی کے گیت اور فلمی دھنیں بجا رہے تھے۔ میری ہیئت کذائی اُس وقت دیکھنے سے تعلق رکھتی تھی۔ سر پر بڑا سا رنگین عمامہ، پھولوں کا گز بھر کا غالبی سہرا جو خوبصورتی کے ساتھ اُلٹ دیا گیا تھا اور اس طرح میرا روئے انور " بملاحظہ عالی " کی مکمل تصویر بنا ہوا تھا۔ میری پیشانی پر چاندی اور سونے کے تار لہرا رہے تھے افشاں بھی چُنی ہوئی تھی۔ شیروانی تاروں بھرے آسمان کو شرما رہی تھی۔ مختصر یہ کہ میں اُس وقت ہراج کے اُس اسباب کی مانند تھا جو ملاحظہ عام کے لئے شارعِ عام پر رکھ دیا جاتا ہے۔ لوگ میرے دیدار سے بے حد مسرور تھے صرف اس لئے کہ میں بیوقوف نظر آرہا تھا۔ رات کے تین بجنے والے تھے لیکن بازگشت کا سلسلہ برابر جاری تھا۔ باجے عین مسجد کے سامنے بھی بجائے جا رہے تھے تاکہ مسجدوں میں سونے والے تہجد کے لئے اُٹھ کھڑے ہوں اور بعد نماز دولھے کے لئے دُعائے مغفرت کرسکیں۔ جہیز کا سامان پیچھے پیچھے یوں لایا جا رہا تھا جیسے کوئی بادشاہ مالِ غنیمت لے جا رہا ہو۔ مالِ غنیمت میں دولھن کی موٹر بھی تھی جس کی آہستہ خرامی

دولھن کی زبوں حالی کا پتہ دیتی تھی۔ موٹر کا شوفر بھی اپنے آپ کو نوشاہ سے کم اہمیت دینے پر رضامند نظر نہ آتا تھا۔ موٹر پر پھول اس طرح ڈالے گئے جیسے کسی بڑے آدمی کا جنازہ جا رہا ہو۔ میں حیران و ششدر اس منظر کو حسرت و یاس سے دیکھ رہا تھا۔ دل تو یہی چاہتا تھا کہ گھوڑے سے کود پڑوں (یوں بھی میں گرنے ہی کے قریب تھا) اور پرتھوی راج کی طرح دلہن کو لے کر بھاگ کھڑا ہوں۔ لیکن دولہا بلحاظ اقتدار اُن بادشاہوں کی طرح ہوتا ہے جن کی لگام بادشاہ گروں کے ہاتھ میں ہوتی ہے۔ بہرحال میں نے گھوڑے پر بیٹھے بیٹھے یہ تصفیہ ضرور کر لیا تھا کہ مذہب خواہ کتنی ہی شادیوں کی اجازت کیوں نہ دے میں دوبارہ شادی کبھی نہ کروں گا۔ پھر اپنے فیصلہ میں میں نے یہ ترمیم کی کہ اگر دوبارہ شادی کروں گا تو بغیر بارات والی لیکن اس بات کا اعتراف مجھے ضرور ہے کہ میری بارات تھی بڑی شان والی میں ہو بہو لیڈر معلوم ہو رہا تھا۔ بس فرق یہ تھا کہ لیڈر کے جلوس پر روپیہ قوم کا خرچ ہوتا ہے اور خوش ہوتا ہے لیڈر۔ یہاں پیسے تو ہمارے خرچ ہوئے لیکن خوش ہوئی ساری قوم۔

شادی سے پہلے میں اپنی روشن خیالی کی بنا پر دلہنوں کی بیچارگی پر متاسف ہوا کرتا تھا کہ ان کو ہفتوں پہلے خاموشی کا برت رکھایا جاتا ہے گویا وہ دلہن نہیں، ستیاگرہی ہیں۔ آنے جانے والے انہیں اس نقطۂ نظر سے جانتے ہیں جیسے وہ کسی عجائب گھر کا جانور ہوں۔ بہرحال اُن پر ہر وہ ظلم ہوتا ہے جو اقربا اور محلہ والیوں کے ذہن رسا میں آ سکتا ہے لیکن

اپنی بارات دیکھ کر میرے خیالات یک لخت بدل گئے۔ دلہن کے ساتھ جو بھی حرکتیں کی جاتی ہیں وہ گھر کی چار دیواری میں ہو جاتی ہیں لیکن بارات کا دولھا تو سرِ بازار رسوا کیا جاتا ہے۔ اس کی اس ذرا سی لغزش کو چوراہے پہ مشتہر کیا جاتا ہے۔ عورتیں اپنے گھروں کی چھتوں پر چڑھ کر اُس کا تماشہ کرتی ہیں۔ بچے تالیاں پیٹتے ہیں، اقربا خوشی سے دیوانے ہو جاتے ہیں گویا دولہا، دولھا نہیں حضرت میکائیل کا نمائندہ ہے۔ تعلیم یافتہ اسے نیٹشے کا فوق البشر جانتے ہیں اور بڑے بوڑھے یہ سمجھتے ہیں کہ دولھا ابھی ابھی حج اکبر سے فراغت پا کر آ رہا ہے اور دلہن والے تو اُسے اس طرح پرچاتے ہیں کہ اگر آج تک کوئی شریف آدمی پیدا ہوا ہے تو وہ یہی سہرا سوار ہے۔

بارات کا دولھا عام لوگوں سے بالکل مختلف ہوتا ہے۔ شکل و صورت کے اعتبار سے وہ خواہ کسی ڈیزائن اور شیپ کا کیوں نہ ہو ایک وقت وہ دولھا بن گیا تو سمجھیے اُس نے گنگا نہالی۔ اُس کی جسمانی ساخت پر بھی کوئی اعتراض نہیں ہو سکتا کیونکہ وہ دولھا ہے ملٹری کا لفٹننٹ یا پولس کا سارجنٹ نہیں۔ اس کی صحت سے متعلق بھی رائے زنی نہیں کی جا سکتی کیونکہ اُس نے بیاہ کیا ہے نہ کہ سرکاری ملازمت کہ طبی معائنہ کرانا پڑے بہر حال دولھا بن جانے کے بعد وہ تنقید و تعریف جیسی فضول اور لایعنی باتوں سے بلند و بالاتر ہو جاتا ہے۔

بازار سے جب دولھا کی سواری بادِ بہاری گزرتی ہے تو لوگ

انگلیاں اٹھاکر بتاتے ہیں کہ آہا دیکھو وہ ہے دولھا۔ عورتیں اپنے روتے ہوئے بچوں کو اُس کے دیدار سے چُپ کراتی ہیں۔ خوش مزاج والدین اپنے کم سن لڑکوں کو دولھا دکھا کر تسلی دیتے ہیں کہ ٹھہرو تم بھی ایک روز اسی طرح گھوڑے پر دولھا بن کر سوار ہوگے اور لوگ تم سے عبرت حاصل کریں گے۔

ہاں تو میں یہ کہہ رہا تھا کہ جاڑے کی اُس سُہانی رات میں دُنیا کے لئے نمونۂ عبرت بن کر شاہراہوں سے گزر رہا تھا حالانکہ میرا گھر دُلہن کے مکان سے زیادہ فاصلہ پر نہیں تھا۔ اُس رات سے میں اس فکر میں تھا کہ کسی کو دولھا بنا کر اپنا بدلہ لے سکوں۔

اور آج ——— آج میں بے حد خوش ہوں کہ میرے انتقام کی پیاس بجھ گئی۔ زندہ باد میرے فرزند ارجمند، خوش رہ اور مت ڈر۔ ایک ربع صدی بعد تو بھی اپنے بیٹے سے انتقام لے سکے گا۔

میری یہی دُعا تیری شادی کا تحفہ ہے۔

آئیے کچھ باتیں ہو جائیں

آپ کو فرصت ہو تو آئیے کچھ باتیں ہو جائیں۔ کیا آپ نے کبھی یہ سوچا ہے کہ ہم باوجود اپنی تعلیم کے کس قدر ناقص رہے ہیں۔ امر واقعہ یہ ہے کہ ہم تعلیم یافتہ ہوتے ہوئے بھی کئی باتوں میں اپنے بچوں سے پیچھے رہے ہیں ہم نے زمانہ طالب علمی میں اچھی باتیں سیکھی ہی نہیں ورنہ آج ہماری یوں درگت نہ بنتی۔ اب افسوس ہوتا ہے کہ عمر عزیز کا کتنا طویل اور بیش قیمت عرصہ نادانی میں گزر گیا۔ سچی بات تو یہ ہے کہ ہم نے طالب علمانہ زندگی کا صحیح لطف ہی نہیں اٹھایا۔ استادوں سے خوب پٹے لیکن انہیں ہاتھ تک نہیں لگایا۔ یہ بھی کوئی تعلیم ہوئی۔ آج کا طالب علم کتنا خوددار، ضمیر پرست اور علم دوست ہے۔ اس کی خودداری کے قصے کوئی استادوں سے پوچھے۔ اخباروں میں کالجوں اور اسکولوں کی خبروں کا جب ہم مطالعہ کرتے ہیں تو افسوس بھی ہوتا ہے اور خوشی بھی۔ افسوس اس لئے کہ کاش ہم نے بھی نوجوانی میں کچھ جوہر دکھلائے ہوتے اور خوشی اس لئے کہ پدر اگر نتواند پسر تمام کند۔ کہیں کسی استاد کے تبادلہ یا برطرفی کے مطالبہ کے سلسلہ میں جلوس نکل رہا ہے تو کہیں وائس چانسلر پر پتھر پھینکے جا رہے ہیں۔ کہیں

پریس سے امتحانی پرچے اڑلئے جارہے ہیں تو کہیں سینما ہال ہی آگ لگائی جارہی ہے۔ ریلوے کے حکام سوچ رہے ہیں کہ کیا تدبیر کی جائے کہ سفر کرنے والی خواتین، طالب علموں کی زد سے بچی رہیں تو ادھر اساتذہ حیران ہیں کہ کیونکر اپنی ٹوپیاں سنبھالی جائیں، اور لڑکے ہیں کہ یا تو روسیوبنے ہوئے ہیں یا شیر ملت۔ جو اں مردِ اسی طریقہ سے زندگی گزارتے ہیں۔ یہ نہیں کہ مدرسہ میں استاد نے بچے کو پیٹ دیا اور بچہ پٹ کر ہنسی خوشی روتا رہا۔ گھر پہنچا تو والدین سے استاد کی شکایت کرنے پر اور پیٹا۔ تو ہم یہ پوچھتے ہیں کہ آیا بچے پہلے پڑھتے بھی تھے یا صرف پٹتے ہی تھے۔ اور والدین بھی نہایت سعادت مندی کے ساتھ ان کے پٹنے کی فیس ہر ماہ بھیج دیا کرتے تھے۔ پہلے زمانہ میں مدرسوں کو تربیت گاہ سمجھا جاتا تھا اور اکثر دہشت پسند والدین اپنے بچوں کو بالکلیہ استادوں کے سپرد کر دیا کرتے تھے اور کہہ دیتے تھے کہ مولوی صاحب! اس نالائق کو آپ ہی سدھاریئے۔ یہ ہمارے بس کا تو نہیں۔ گویا بچوں کی تعلیم نہ ہوئی لڑکیوں کا بیاہ ہو گیا ـــــــ اساتذہ کی وہ شان تھی کہ معاذ اللہ۔ لڑکے کھڑے باتیں کر رہے ہیں سامنے سے کوئی استاد آیا اور انہیں سانپ سونگھ گیا۔ جلتی ہوئی سگریٹیں جیب میں ڈال لی گئیں۔ دھواں نگل لیا گیا۔ منہ چھپائے گئے۔ اسکول تو خیر اسکول ہی ہوتا تھا لیکن اگر باہر بھی کہیں استاد نظر آگئے یا مل گئے تو طالب علم باادب ایستادہ ہو گئے۔ یا نظر بچا کر نکل گئے۔ غرضیکہ اساتذہ صاحبان طالب علموں پر ہر جگہ اپنے اقتدار کا سکہ جماتے۔ وہ استاد تھے یا

نپولین بوناپارٹ۔ مدرسوں اور کالجوں میں حقیقی ماحول تو آج پیدا ہوا ہے۔ اُستادوں کی مجال نہیں کہ لڑکوں سے نظر ملاکر بات کرسکیں۔ اسکول میں استاد سہما سہما رہتا ہے۔ بازار میں لڑکوں کا سامنا ہوجائے تو راستہ بدل کر نکل جاتا ہے۔ ہمارے زمانہ میں اُستاد طالب علم کو فیل کرکے آرام کی نیند سوتے تھے جیسے کچھ ہوا ہی نہیں۔ آج فیل ہونے والے لڑکوں کے والدین اُستاد کے گھر پر دھاوا بولتے ہیں۔ اُستاد کی عافیت اسی میں ہے کہ کسی غبی اور کند ذہن طالب علم کو فیل نہ کرے۔

ہمارے زمانہ طالب علمی میں طالب علموں کے عام معلومات کچھ نہ ہوتے تھے، وہ صرف اپنے نصاب پر حاوی ہوتے تھے یا زیادہ سے زیادہ حالات حاضرہ سے واقف ہوا کرتے تھے۔ بہرحال اُن کی عام قابلیت کچھ ایسی نہ تھی کہ اُن کے سر سہرے باندھے جاتے۔ علم تو کچھ آج کل حاصل کیا جاتا ہے۔ نصاب کی کتابوں پر حاوی ہونا قطعی غیر ضروری بات ہے کیونکہ نصاب تو ہر سال بدل جاتا ہے۔ حالات حاضرہ سے بھی واقفیت امرِ ثانوی ہے۔ الفاظ کی ہجے یاد کرنا بچپنا ہے۔ علم دوسری ہی چیز ہے اور قابلیت کا انحصار فرسودہ معلومات کے ذخیرہ پر نہیں۔ اگر کسی گریجویٹ کو بھارت کے نائب صدر کا نام معلوم نہیں تو اس کے یہ معنی نہیں کہ اُسے مُکیش کے گانے یاد نہیں۔ اگر کوئی ال ال بی یہ نہیں جانتا کہ لوک سبھا اور راجیہ سبھا میں کیا فرق ہے تو اس کا یہ مطلب نہیں اُسے نرگس کے شوہر کا نام معلوم نہیں۔ اگر کوئی ایم۔ اے یہ سمجھتا ہے کہ بُل ڈوزر کسی شخص کا

نام نہیں ہے تو آپ یہ شبہ کیوں کرتے ہیں کہ جنیات کے بارے میں وہ کچھ نہیں جانتا۔

مشکل یہ ہے کہ آج کے طالب علموں کا امتحان اور انٹرویو لینے والے پرانے لوگ ہیں۔ ممتحن اور طالب علم میں جب تک علم کی صحیح اقدار کا تعین نہیں ہوتا دونوں کو ایک دوسرے سے شکایت رہے گی۔ آج کے پڑھے لکھے لوگ جب خود انٹرویو لینے کی نوبت پر آئیں گے تو اس وقت ہمارے بچوں کی قابلیت کا صحیح اندازہ ہوگا۔ آج تو ممتحن کسی اور نیت سے سوال پوچھتا ہے اور جواب دوسرا ملتا ہے۔ ممتحن کے ذہن میں وہ ہوتا ہے جو اس نے پڑھا ہے لیکن جواب تو اسے وہی ملے گا جو طالب علم کے ذہن میں ہے۔ مثال کے طور پر چند سوالات اور ان کے جوابات ملاحظہ فرمائیے:۔

سوال:۔ ہندوستان کے دو مشہور بھائی کون ہیں؟

جواب:۔ کپور برادران۔ میرا مطلب ہے راج کپور اور شمی کپور شمی کپور گیتا بالی کا شوہر ہے اور راج کپور کرشنا کا۔

سوال:۔ کیا تم علی برادران سے واقف ہو یعنی شوکت علی اور محمد علی سے۔

جواب:۔ جی نہیں۔ میں اور دو بھائیوں سے واقف ہوں، دلیپ کمار اور ناصر خاں ــــ اشوک کمار اور کشور کمار بھی مشہور بھائی ہیں۔

سوال :۔ ہندوستان کا محبوب ترین شخص کون ہے ؟

جواب :۔ جانی واکر

سوال :۔ سکنڈ فائف، پریلان کے بارے میں تمہاری کیا رائے ہے ؟

جواب :۔ میں انگلش فلم نہیں دیکھا کرتا۔

یہ تو عام معلومات ہوئیں۔ ممتحن سوچتا ہے کہ چلو نصابی کتب کے بارے میں سوالات کرلو۔ لیکن یہاں بھی اسے پتہ چلتا ہے کہ سائنس، ادب، قانون، تاریخ، جغرافیہ ہر چیز بدل گئی ہے۔

سوال :۔ تمہارا سب سے پسندیدہ شاعر کون ہے ؟

ادب کا طالب علم :۔ غالب اللہ خاں اسد

سوال :۔ یہ شعر کس کا ہے ؟

عشق پر زور نہیں ہے یہ وہ آتش غالب جو لگائے نہ لگے اور بجھائے نہ بنے

جواب :۔ ڈاکٹر زور کا۔

سوال :۔ مخمس اور مسدس میں کیا فرق ہے ؟

جواب :۔ میں نے جامیٹری نہیں پڑھی ہے۔

سوال :۔ سوچکر بتاؤ کہ نورجہاں اور ممتاز محل میں کیا رشتہ ہوتا تھا۔

تاریخ کا طالب علم :۔ (مسکرا کر) جی۔ کوئی رشتہ نہیں۔ نورجہاں عورت کا نام ہے اور ممتاز محل ایک بلڈنگ کا نام۔ ممکن ہے نورجہاں ممتاز محل میں رہا کرتی ہو۔

سوال :۔ شاہجہاں کی بیوی کا کیا نام تھا ؟

جواب :۔ تاج النساء، جو تاج محل میں دفن ہے۔

سوال :۔ کاشی اور بنارس میں کتنا فاصلہ ہے؟

جواب :۔ کاشی آسام میں واقع ہے اور بنارس یوپی میں! ان دونوں میں کافی فاصلہ ہے۔

سوال :۔ ہندوستان کا آخری وائسرا کون تھا؟

جواب :۔ لارڈ بائرن۔

سوال :۔ اِل اِل بی سے کیا مراد ہے؟

قانون کا طالب علم :۔ (سوچکر) بیچلر آف لا اینڈ لیگل میٹرس۔

سوال :۔ اقدامِ خودکشی اور خودکشی کے جرم میں کیا سزا دیجاسکتی ہے۔

جواب :۔ اقدامِ خودکشی میں قید سادہ اور خودکشی کے جرم میں قید بامشقت کی سزا دیجاسکتی ہے۔ جرمانہ بھی عائد کیا جاسکتا ہے۔

سوال :۔ غذا میں پوٹاشیم سائینیٹ کا جزو ملا دیا جائے تو اس کا انسان پر کیا اثر ہوگا۔

سائنس کا طالب علم :۔ پوٹاشیم سائیڈ میں اے اور ڈی وٹامن ہوتے ہیں جو صحت کے لئے ضروری ہیں۔

ممتحن ہر قسم کے امیدواروں کو پرکھنے اور سمجھنے کے بعد اس نتیجہ پر پہنچتا ہے کہ وہ کسی فاش غلطی کی وجہ سے ممتحن بن بیٹھا ہے ورنہ قابلیت میں وہ امیدواروں سے کئی میل پیچھے ہے۔ خود کے حال پر بیحد شرمندہ اور نادم ہوکر وہ سبھی امیدواروں کو اعلیٰ خدمات کا مستحق قرار دے کر وظیفہ پر علیحدہ ہو جاتا ہے۔

گفتگو

بات کرنا سبھی جانتے ہیں لیکن ایسی گفتگو جو دل میں اُتر جائے ہر کسی کے بس کا کام نہیں۔ آدمی خوش گفتار ہو تو اُس کے سامنے لوگ کلول کی گڑیا کی طرح سر ہلانے لگتے ہیں اور یوں اُس کی باتیں سنتے ہیں جیسے بچے بینڈ باجہ سُنا کرتے ہیں۔ خوش گفتار آدمی محفل کی رونق ہوتا ہے۔ اچھی گفتگو کے لئے ضروری ہے کہ آدمی نہ صرف دلچسپ گفتگو کرے اور فصیح زبان بولے بلکہ اپنی گفتگو میں محاورے، روزمرہ تلمیحات بھی بلا تکلف استعمال کرے ہماری زبان اس معاملہ میں بڑی رئیس ہے۔ تمام محاوروں اور روزمرہ تلمیحات میں سے چند کی تفصیلات بیان کی جارہی ہیں:۔

کھسیانی بلی کھمبا نوچے:۔ جب کوئی شخص کسی کام میں نیچا دیکھنے کے بعد چپ چاپ بیٹھنے کے بجائے زنانہ و ہم مردانہ حرکتوں پر اتر آئے تو سمجھنا چاہئے کہ کھسیانی بلی کھمبا نوچ رہی ہے لیکن الیکشن میں امانتی رقم کھو دینے کے بعد عدالت میں فریاد کرنا، کھمبا نوچنے کی تعریف میں نہیں آتا اور نہ ہی کسی شاعر کا ہوٹنگ کے بارے میں شکایت

کرنا کھمبا نوچنے کے مترادف ہے، یہ علیحدہ اور جداگانہ قسم کی باتیں ہیں۔ اس محاورہ کی تفصیل یوں ہے کہ مولانا حاتم طائی کے عہد میں کسی بلی نے کھمبے پر رکھی ہوئی ایک دیگچی کو اپنی توجہ کا مرکز بنایا بیچاری بلی نے کافی کوشش کی۔ سر مارا لیکن دیگچی تک رسائی نہ ہوتی اور نہ ہی دیگچی گری۔ بلی نے عاجز آ کر دیگچی کو تو نظر انداز کر دیا اور کھمبا نوچنے لگی۔ یہ واقعہ ایک ادب دوست کے مکان میں پیش آیا تھا۔ اس شخص نے اسی دن سے ایک محاورہ بنا لیا جو آج بھی ہماری جان کا لاگو ہے۔

ہاتھوں کے طوطے اڑ جانا: — یہ بہت زیادہ قدیم محاورہ نہیں۔ شہنشاہ جہانگیر کو طوطے پالنے کا بڑا شوق تھا۔ مورخ غلطی سے کبوتر بیان کرتے ہیں لیکن اصل میں وہ طوطے تھے۔ جہانگیر جب صرف شہزادہ تھا تو اس کا بیشتر وقت طوطوں کی صحبت میں گزرتا تھا۔ ایک دن کا واقعہ ہے کہ جہانگیر حسب معمول اپنے دونوں ہاتھوں میں طوطے پکڑے ان سے مصروف راز و نیاز تھا کہ چوبدار نے اطلاع دی کہ اسے شہنشاہ اکبر یاد فرماتے ہیں۔ ظاہر ہے جہانگیر طوطے لے کر تو باپ کے حضور میں وہ بھی اکبر جیسے باپ کے حضور میں حاضر نہ ہو سکتا تھا اور نہ ہی انہیں چھوڑ کر دوبارہ پکڑنے کی زحمت برداشت کرنا چاہتا تھا۔ اس نے یہ طوطے نورجہاں جو اس وقت صرف مہرالنساء تھی کے حوالے کیے اور فرمایا کہ تھامے رکھو ہم ابھی واپس آتے ہیں۔ مہرالنساء کے

نازک اور ناتجربہ کار ہاتھوں میں ایک طوطا جو زیادہ قوی تھا پھڑپھڑایا اور اُڑ گیا۔ شہزادہ جب اکبر کو ٹال کر واپس آیا تو اُس نے دیکھا کہ مہرالنسا دو کی جگہ صرف ایک طوطا لئے کھڑی ہے۔ جہانگیر اور مہرالنساء میں مندرجہ ذیل مکالمہ ہوا:۔

جہانگیر۔ ہمارا ایک طوطا کیا ہُوا؟

مہرالنساء۔ جی! اُڑ گیا۔

جہانگیر۔ کیسے اُڑ گیا؟

مہرالنساء۔ جی! یوں اُڑ گیا۔ اور مہرالنسا نے دوسرا طوطا بھی جو نازنانہ ہاتھوں میں زیادہ مسرور تھا اُڑا دیا۔ سارے محل میں دھوم مچ گئی کہ ہاتھوں کے طوطے اُڑ گئے۔ اور رفتہ رفتہ یہ بات محاورہ بن گئی۔

خلیل خاں اور فاختہ:۔ وہ زمانہ گزر گیا جب خلیل خاں فاختائیں اُڑاتے تھے عام محاورہ ہے۔ اور اسے آپ جب چاہیں استعمال کر سکتے ہیں۔ خلیل خاں ولد جلیل خاں پشاوری پٹھان تھے پٹھان عام طور پر بندوق چلانے اور تلوار گھمانے کا شوق کرتے ہیں، لیکن خلیل خاں بڑے نیچر پرست تھے۔ اور پرندوں سے انہیں خاص لگاؤ تھا۔ یہ صبح ناشتہ کرنے کے بعد ہی جنگل کی طرف نکل جاتے اور دن بھر فاختائیں اُڑایا کرتے۔ جب ان کی شادی ہوئی تو انہیں خیال پیدا ہوا کہ فاختائیں اُڑانی بند کرنا چاہیے اور کوئی معقول مشغلہ

اختیار کرنا چاہیے۔ وہ دن اچھے تھے اور آدمی جو چاہے کر سکتا تھا۔ خلیل خاں کی خوش قسمتی تھی کہ انہیں بیوی بھی بڑی عقلمند اور دُور اندیش ملی۔ بیوی نے انہیں کچھ ایسی پٹی پڑھائی کہ خلیل خاں ایک دن اپنے قبیلے کے سردار بن گئے۔ لوگ انہیں اُن کے لڑکپن کی باتیں یاد دلاتے لیکن اُن کی بیوی نے سبھوں سے کہہ دیا کہ وہ دن گزر گئے جب خلیل خاں فاختے اُڑاتے تھے۔ یہ بات عام ہوتی گئی اور نتیجتاً محاورہ بن گئی۔

صبح کا بھولا شام کو گھر آئے تو اُسے بھولا نہیں کہتے: — پہلے زمانے میں لوگ بڑے شریف ہوا کرتے تھے۔ مروّت ان کا پیشہ تھا۔ اور اُن کے پاس وقت بھی بکثرت ہوا کرتا تھا۔ دس بارہ گھنٹے ضائع ہو جائیں تو کوئی مضائقہ نہ تھا۔ ایک نواب صاحب کے ملازم ہر روز صبح اپنی ڈیوٹی پر پہنچ جاتے تھے لیکن ایک دن — غالباً جمعہ کا دن تھا۔ ملازم موصوف دن بھر غائب رہے۔ نواب صاحب کو خیال ہوا کہ ملازم کا جی بھر گیا ہے اور اب وہ شاید ہی کام پر آئے لیکن سرِ شام ملازم صاحب آموجود ہوئے اور عذر یہ پیش کیا کہ وہ صبح کام پر آنا ہی بھول گئے۔ نواب صاحب کی بڑی بیگم بہت نازک مزاج تھیں اور اُن کا منشاء تھا کہ ملازم مذکور کو برطرف کر دیا جائے۔ لیکن نواب صاحب نے جو طبعاً شریف اور مزاجاً آرام طلب تھے فرمایا کہ صبح کا بھولا شام کو آجائے تو اسے بھولا نہیں کہتے۔ ملازم نوکری پر بحال رہا اور اُس نے مصلحتاً یہ بات

گرہ میں باندھ لی۔ رفتہ رفتہ شہر کے تمام ملازمین کو اس بات کا علم ہوا اور یہ رسم عام ہوگئی۔ آگے چل کر اس رسم نے مطالبہ کی صورت اختیار کرلی اور آخرکار ہفتہ واری تعطیل کا قانون بن گیا۔

نہ نو من تیل ہوگا نہ رادھا ناچے گی: آپ حیران ہوں گے کہ تیل کا ناچ سے کیا تعلق۔ قصہ یوں ہے کہ راجہ مدھکیٹر (۱۴۸۸ تا ۱۵۰۷ء) کے زمانہ میں ایک نامی گرامی رقاصہ رادھا کا بڑا شہرہ تھا۔ خوب صورت تو وہ کچھ ایسی زیادہ نہ تھی لیکن بلا کا ناچتی تھی۔ آنگن چاہے ٹیڑھا ہو یا غیر متناسب الاضلاع اُس کے باکمال ناچ پر کوئی اثر نہ پڑتا تھا۔ وہ راجدھانی سے دُور ایک اور شہر میں رہتی تھی۔ راجہ مدکھیٹر کر جب اس شہر میں کیمپ کر رہے تھے تو ان کے مصاحبوں نے ان سے عرض کی کہ رادھا کا ناچ دیکھا جائے۔ رادھا کو بلوایا گیا اور وہ حاضر بھی ہوگئی۔ اُس زمانہ میں عام طور پر راجہ قول ہارا کرتے تھے۔ رادھا نے سوچا یہ موقعہ اچھا ہے۔ راجہ صاحب کو کسی وچن پر مجبور کیا جائے جو وہ پورا نہ کرسکیں۔ اس سے اس کی شہرت میں اور اضافہ ہوگا۔ پس رادھا نے فرمائش کی کہ سارے کیمپ میں چراغاں کیا جائے اور نو من میٹھا تیل جلایا جائے۔ شرط یہ رکھی کہ تیل کیمپ کے باہر سے نہ لایا جائے راجہ صاحب کے اسٹور کیپر شری چرونجی مل نے اطلاع دی کہ تیل ہے تو سہی لیکن وزن میں نو من سے کم۔ راجہ صاحب نے بہت کہا کہ وہ بجائے

تیل کے گھی کے چراغ جلوائے دیتے ہیں۔ لیکن راد ھا باؤلی بجھ گئی۔ راجہ صاحب چونکہ قول ہار چکے تھے وہ راد ھا کو مجبور نہ کر سکے۔ راد ھا اس طرح اُردو ادب کا جزو بن گئی۔ وہ اگر اپنا ناچ دکھا دیتی تو ممکن تھا اُسے ایک آدھ جاگیر مل جاتی۔ لیکن یہ دائمی شہرت نصیب نہ ہوتی۔

ہونہار بروا کے چکنے چکنے پات :۔ پتہ نہیں قدیم زمانہ میں بچوں کے پاؤں عام طور پر کھردرے ہوا کرتے تھے یا عورتوں نے ہر کسی کا دل رکھنے کے لیئے کہہ رکھا تھا کہ جس بچے کے پاؤں چکنے ہوں وہ وہ آئندہ چل کر ہونہار ہوا کرتا ہے۔ یہی بات ہوگی ورنہ ہم نے تو ہر نوزائیدہ بچے کے پاؤں چکنے ہی دیکھے ہیں بلکہ ہم تو سمجھتے ہیں کہ پورا بچہ چکنا چکنا سا ہوتا ہے۔ پاؤں کے چکنے ہونے کو کسی خوبی پر محمول کرنا کم نظری ہے۔ چکنے پاؤں والا نہ تو اپنے قدموں پر کھڑا ہوسکتا ہے اور نہ ثابت قدم رہ سکتا ہے۔ اُس کے پھسل پڑنے کا ہمیشہ خدشہ ہے اور دُنیا میں ضروری ہے کہ آدمی اپنے قدموں پر کھڑا ہو اور بات بات پر لیڈروں کی طرح پھسل نہ جایا کرے۔ اس محاورہ کو عورتوں ہی کے استعمال کے لیئے رہنے دیجئے۔

دن میں تارے نظر آنا :۔ دن میں تارے نظر آنا غیر معمولی بصارت کی دلیل نہیں بلکہ پریشانی کا باعث ہے۔ دن کے وقت

چاند تو اکثر نظر آتا ہے لیکن یہ کوئی اہم بات نہیں۔ دن میں تارے نظر آنا البتہ غیر معمولی بات ہے اور یہ صرف اسی وقت نظر آتے ہیں جب کوئی افتاد پڑتی ہے۔ یہ اور بات ہے کہ آج حالات کی وجہ سے سبھی کو دن میں تارے دکھائی دینے لگے ہیں۔ رصدگاہ میں کام کرنے والے ہمیشہ دن میں تارے دیکھتے ہیں لیکن بلحاظ محاورہ نہیں بلکہ بطور فرض منصبی۔ لوگ کہتے ہیں کہ یہ محاورہ حکیم مومن خاں مومن نے ایجاد کیا جو خود ماہر نجوم تھے۔ غالب جو ان کے ہم عصر تھے دن کے وقت تارے دیکھنے کے معاملہ میں مومن خاں کی برابری نہ کرسکے۔ وہ صرف اتنا ہی جانتے تھے کہ دن کا پردہ اتنا دبیز ہوتا ہے کہ تارے نظر نہیں آسکتے۔

تھیں بنات النعش گردوں دن کے پردے میں نہاں
شب کو ان کے جی میں کیا آئی کہ عریاں ہوگئیں

زیادہ دن نہیں گزرے کہ شاہ فاروق کو دن میں تارے نظر آگئے انڈونیشیا میں بھی بہتوں کے ساتھ یہی واقعہ پیش آیا۔ عراق و شام میں بھی ایسی ہی وارداتیں ہوئیں اور کیرالا کے لوگ تو برسوں سے دن میں تارے دیکھ رہے ہیں۔

چار چاند:۔ شہرت میں چار چاند لگنا عام محاورہ ہے لیکن اس بارے میں ہمارا علم ناقص ہے اور ہم کہہ نہیں سکتے کہ کیونکر کسی کے ذہن میں

ایک دو تین نہیں یکمشت چار چاند کی بات آ گئی۔ ماہ نخشب سنا ہے ماہ کامل سنا ہے۔ ماہ نو بھی سنا ہے لیکن چار چاند کون سے ہو سکتے ہیں اور کیونکر کسی کی شہرت کے ساتھ منسلک ہو سکتے ہیں ہماری سمجھ میں نہیں آیا۔ نہ تو کسی مذہب میں چار عدد چاندوں کا ذکر ہے اور نہ ہی سائنس اسکی تصدیق کرتی ہے۔ لطف یہ ہے کہ کوئی کمی یا اضافہ نہیں ہو سکتا۔ یعنی آپ یہ نہیں کہہ سکتے کہ فلاں شخص کی شہرت میں دو چاند لگ گئے یا یہ کہ فلاں خاتون کے حسن میں چھ چاند لگ گئے۔ چار کی تعداد مقرر ہے۔ بہر حال اس محاورہ کے استعمال میں کوئی حرج نہیں۔ محاورہ بڑا خوبصورت اور لطیف ہے۔ اور اس کے استعمال سے عبارت اور گفتگو میں چاند ہی چاند لگ جاتے ہیں۔

نو سو چوہے اور بلّی کا حج :۔ تعجب ہے کہ اس محاورہ پر مسلمانوں نے اب تک کوئی اعتراض نہیں کیا۔ بلّی اور حج بیت اللہ حد سے زیادہ قابل اعتراض بات ہے۔ یہ محاورہ قانوناً یا کم سے کم اخلاقاً خارج از ادب کہا جانا چاہیئے۔ قیاس یہی کہتا ہے کہ یہ محاورہ کسی شریر النفس شخص نے گڑھا ہو گا لیکن اس کی قبولیت دیکھیے کہ زبان زد خاص و عام ہے۔ ہم اس کے دل سے مخالف ہیں اور چاہتے ہیں کہ مذہب کی خاطر اس کے خلاف مہم کا آغاز کریں۔ ادیبوں اور پبلشرز کے مکانوں کے سامنے پکٹنگ کریں۔ صحت اجازت دے تو برت بھی رکھیں اور کالج

گے طالب علموں کو ورغلاکر یا بیروزگاروں کو کچھ پیسے دیکر جلوس نکالیں لیکن ڈرتے ہیں کہ لوگ ہمیں کو نہ کہنے لگیں کہ تو سو چوہے کھاکر بلی حج کو چلی۔

گھر کی مُرغی دال برابر :۔ یہ ایک بہت شاندار مقولہ ہے اور ہمارے ماضی کی ایک مختصر سی تاریخ بھی۔ اس سے ظاہر ہوتا ہے کہ پچھلے زمانہ میں ہر شخص کو گھر نصیب تھا وہ مرغیاں پال سکتا تھا اور بجائے اس کے کہ ان مرغیوں کو تلاش معاش میں جنسی بے راہ روی کے لئے آزاد چھوڑ دے انہیں اپنی گرہ سے دال بھی کھلا سکتا تھا۔

آج یہ صورت حال نہیں۔ ذاتی گھر تو خیر درکنار رہا کرایہ کا مکان بھی میسّر آنا محال ہے اس لئے شرفائے ملک ہذا نے جو کبھی کسی بات پر متفق نہیں ہوئے اس بارے میں متفقہ طور پر تصفیہ کیا ہے کہ وہ فٹ پاتھ پر زندگی گزاریں گے۔ اس طریقۂ رہائش میں مرغی پالنے کا سوال ہی نہیں پیدا ہوتا اور دال تو خیر اب جوتیوں میں بٹنے لگی ہے اور ہر قسم کی دال میں کالا نظر آنے لگا ہے۔ گھر کی مرغی دال برابر کی بات یوں چل نکلی کہ آدمی فطرتاً شر پسند اور منکر حق وانصاف ہے۔ کبھی اپنوں کے ساتھ نیک سلوک روا نہیں رکھتا۔ ہم نے بھی اپنی زندگی میں ہر قسم کے لوگوں کو دیکھا ہے اور ہم جانتے ہیں کہ آدمی واقعی گھر کی مرغی کو دال برابر سمجھتا ہے۔ ہم ایسے لوگوں سے بھی واقف ہیں جو بجز اپنی زوجۂ منکوحہ کے ہر خاتون کو دل وجان سے زیادہ چاہتے ہیں اور یوں پرچاتے ہیں

گویا وہ اُن کی والدہ محترمہ ہیں۔ آپ اگر اپنی بصارت کو صرف ملاحظہ کے لئے استعمال کریں تو آپ گھر کی مرغی دال برابر کے مقولہ کو ہر بات پر چسپاں پائیں گے اور اخیر میں ہماری بصیرت کے قائل ہو کر ہم سے بغلگیر ہونے کی کوشش کریں گے لیکن آپ ہمارے قائل کیوں ہونے لگے۔ گھر کی مرغی دال برابر۔

سولہ سنگھار کرنا:۔ آج کل کی لڑکیاں خواہ مخواہ بدنام ہیں کہ وہ اپنی مغرب پرستی کے جنون میں فیشن پر وقت اور روپیہ برباد کرتی ہیں۔ ہم اُن تمام لڑکیوں اور اُن کی عزیز سہیلیوں کی طرف سے آپ سے یہ دریافت کرتے ہیں کہ پہلے زمانہ میں کہ پہلے زمانہ میں یہ سولہ سنگھار کون کیا کرتا تھا؟؟؟؟؟؟۔ لارڈ کلائیو سے بہت پہلے ہندوستان میں سولہ سنگھار مروج تھے۔ سنگھار کرنا طبقۂ اُناث کا پیدائشی حق ہے اور اگر طبقۂ اُناث سنگھار نہ کرے خواہ وہ قدیم مشرقی طرز کا سنگھار ہو یا تازہ برمحہ (اَپ ٹو ڈیٹ مومنٹ) انگریزی وضع کا۔ تو ہم مردوں کے لئے دنیا میں باقی کیا رہ جائے گا۔ ہم تو کبھی کبھی یہ سوچتے ہیں کہ ہم سولہ سنگھار کے زمانہ میں کیوں نہ پیدا ہوئے۔ اس زمانہ کی سنگھار کی ماہر اور شوقین خواتین نے ہم جیسے خوش ذوق اور باذاق لوگوں کی کمی یقیناً محسوس کی ہوگی اور ان کے سولہ سنگھار یونہی ضائع گئے ہوں گے۔ پُرانے زمانہ کی تصویریں دیکھکر ہمیں یہ خیال ہوتا ہے کہ آج سے سو پچاس سال پہلے تک اس سرزمین پر

حسین خواتین پیدا ہوتی رہی ہیں۔ حُسنِ باکمال کے اس عطیہ غیبی پر سنگھار اور وہ بھی سولہ۔ ہم سوچتے ہیں کہ اُس وقت کے لوگوں پر کیا قیامت گذرتی ہوگی۔ آج کچھ نہیں ہے تو مرد یوں بچھے جاتے ہیں گویا ہر عورت طباق من وسلویٰ ہے۔ ہم کسی کی اور بالخصوص کسی خاتون کی دل شکنی کرنا نہیں چاہتے کیونکہ ہم دل شکنی کو سیکولرزم کے خلاف سمجھتے ہیں لیکن سچی بات ہے کہ آج کا سنگھار ہمیں بالکل پسند نہیں۔ ہم تو ماضی کے پرستار ہیں اور بالخصوص اس سنگھار کے معاملہ میں تو ہمیں رجعت پسندی اور ماضی پرستی ہر قسم کے الزامات قبول ہیں۔ ہم یہ جاننا چاہتے ہیں کہ کیا ہماری یہ پکار یونہی ضائع جائے گی یا کوئی جواں مرد خاتون ہماری آواز پر لبیک کہہ کر پھر سے رسم سولہ سنگھاری کو زندہ کرنے پر کمر بستہ ہوجائے گی۔ ہم اس کارِ خیر کے لئے اپنے ہی لوگوں میں سے کسی کو اُکساتے لیکن یہ کیا بات ہوئی کہ ہم ہی کہیں اور ہم ہی عمل بھی کریں۔ یہ آج کے زمانہ کا دستور نہیں۔

بیگانہ کی شادی میں عبداللہ دیوانہ: ۔۔۔بڑی تحقیق و جستجو کے بعد ہم اصل واقعہ معلوم کرسکے ہیں۔ کئی سو سال گزرے کہ ایک شخص نے جیسا کہ دنیا کا عام قاعدہ ہے اپنی شادی کی تیاریاں شروع کیں (مقام اور سنہ وغیرہ معلوم کرکے آپ کیا کریں گے) اس کی گن سُن اس کے پڑوسی عبداللہ کو ملی۔ عبداللہ نے اپنے پڑوسی کی مدد کے خیال سے اُس کے علم و

اطلاع کے بغیر چپکے چپکے تیاریاں شروع کر دیں اور دل میں سوچا کہ عین شادی کے موقع پر اپنے انتظامات و اہتمامات سے وہ نوشاہ کو حیرت زدہ کر دے گا۔ عبداللہ اس کام میں کچھ ایسا ڈوبا ایسا ڈوبا کہ دیوانہ ہو گیا۔ اس کی تاریخ وفات بھی اسی کہاوت سے نکلتی ہے۔ پڑوسی کی شادی تو بخیر و خوبی ہو گئی اور بعد میں اتفاقاً ازدواجی زندگی بھی اچھی بھلی گذری لیکن عبداللہ جی جان سے گیا۔ اب بھی جب کسی دوسرے کی شادی میں ہم کسی کو بے حد مشغول و مصروف پاتے ہیں تو ہمیں یکلخت عبداللہ مرحوم کا خیال آ جاتا ہے کہ ہائے کیا بے لوث و بے غرض آدمی تھا۔ پرانے حیدرآباد اور اس قبیل کے دوسرے شہروں میں ہم نے دیکھا ہے کہ صاحب کے بچہ کی ختنہ یا بسم اللہ کی تقریب ہو رہی ہے تو صاحب کے دفتر کے محارب، ٹائپسٹ اہلکار اور چپراسی سبھی عبداللہ دیوانے بنے پھر رہے ہیں۔ ہم تو یہ سمجھتے ہیں کہ عبداللہ نام ہی کچھ اس قسم کا ہے جس سے قدامت اور غیر ضروری تفکرات کا اظہار ہوتا ہے۔ زندگی کی دوڑ میں اکثر موقعے ایسے آئے جب کہ عبداللہ نامی اشخاص سے راست یا بالواسطہ سابقہ پڑا۔ ان عبداللہوں میں شخصی طور پر ہم نے کوئی بات قابل اعتراض نہیں پائی لیکن کوئی بات ایسی ضرور تھی کہ ان سے تعلق رکھنے کو جی نہ چاہا۔ یوں سمجھیے کہ ہمارا تحت المشعور ان سے راہ و رسم رکھنے میں حارج رہا۔ عبداللہ حضرات ہمیں معاف فرمائیں اور یہ نہ سمجھیں کہ ہم ان کے مخالف ہیں۔ ہم کیا

اور ہماری بساط کیا کہ کسی عبداللہ کی مخالفت کریں۔

کسی اور کے پسینے پر اپنا خون بہانا: ۔یہ بات خالص بورژوائی دَور کی پیداوار ہے۔ پہلے زمانہ میں دوست ایک دوسرے پر جان چھڑکتے ہوں گے لیکن اس محاورہ پر تو خالص شاہی مہر لگی ہوئی ہے۔ مصاحبین خاص حضور کو ہمیشہ خوش خبری سنایا کرتے تھے کہ پیرو مرشد کا جہاں پسینہ ٹپکے گا خادم اپنا خون بہا دیں گے۔ لیکن عجیب اتفاق ہوا کہ پیرو مرشد نے عمر بھر میں کوئی ایسا کام ہی نہیں کیا جو ان کا پسینہ بہتا۔ گرمیوں کے موسم میں بھی جب پسینہ خود بخود اور بلا کسی مشقت کے بہتا ہے پیرو مرشد کے لئے کچھ ایسا انتظام ہو جاتا کہ پسینہ بہنے کی نوبت ہی نہ آتی نتیجتاً سارے مصاحبین زندگی تمام عیش کرتے رہے۔ لیکن ناگزیر حالات میں البتہ چند وفادار ملازموں کا خون پیرو مرشد کا پسینہ بہنے سے پہلے ہی بہہ گیا۔ اس محاورہ میں غلط قسم کے ایثار' نادانی سے ملتے جلتے جوشں اور غیر شاعرانہ مبالغہ کی بُو باس ہے۔ پسینہ پسینہ ہوتا ہے اور خون خون' خواہ سفید ہی کیوں نہ ہو۔ اس لئے جو شخص کسی اور کے پسینہ پر اپنا خون بہانے کا ارادہ رکھتا ہے وہ یا تو شادی شدہ ہے یا سن شعور کو پہنچنے سے پہلے ہی بوڑھا ہو گیا ہے۔

روغنِ قاز ملنا: ۔۔روغن قاز بازار میں نہیں ملتا لیکن

اُس کا استعمال عام ہے۔ یہ ایک نہ نظر آنے والا روغن ہے جو فی زمانہ آدمی کے بدن پر نہیں غیر محسوس طریقہ پر آدمی کے دل و دماغ پر ملا جاتا ہے۔ دنیا میں ترقی کرنی مقصود ہے تو سیکھنا چاہیئے کہ روغن قاز کسے کب اور کس طرح ملنا چاہیئے۔

قاز جیسا کہ آپ کو معلوم ہے ایک چیخنے چلانے والا پرندہ ہے' پرند نہیں تو چرند ضرور ہے۔ قاز کی مادہ انڈے دینے کی عادی ہے اور کلچر کے اعتبار سے مُرغی سمجھی جاتی ہے۔ ہر قسم کی خوراک اِسے بھاتی ہے اور مزاجاً یہ بے حد تیز اور نڈر ہوتی ہے۔ جو لوگ گھروں میں کُتے نہیں پال سکتے قاز کا جوڑا رکھ چھوڑتے ہیں۔ قازوں کی موجودگی فرشتوں کی آمد و رفت میں حائل نہیں ہوتی۔ قاز دھوم مچانے اور شور کرنے میں سیاست دانوں سے کسی طرح پیچھے نہیں۔ قاز کی چربی کا تیل بے حد مقوی ہوتا ہے۔ اس کی مالش سے آدمی عملاً مدہوش ہو جاتا ہے۔ نبی اللہ غلام بخش اپنی غیر مطبوعہ کتاب "تاریخ طبائع انسانی" میں بیان کرتے ہیں کہ پہلے زمانہ میں واقعی روغن قاز بدن پر ملا جاتا تھا اور مالش کے دوران میں "معمول" پر کچھ ایسی غفلت طاری ہو جاتی تھی کہ وہ ہوش و حواس کھو بیٹھتا تھا۔ کسی بڑے آدمی نے اس حقیقت کو جانا اور اعداد و شمار کے ذریعہ پتہ چلایا کہ اُس نے کتنے ہی نادانی کے وعدے صرف ایسے موقعہ پر کئے جبکہ وہ روغن قاز کی مالش کروا رہا تھا۔ اسی بڑے آدمی نے یہ محاورہ گڑھا اور

پہلے زمانہ میں روغن قاز کا ملا جانا صرف تیل ملنے کے مترادف تھا۔

مشہور یہ ہے کہ مالش کے طور پر قاز کے تیل کا استعمال اصل میں محمد بن تغلق نے قانوناً ممنوع قرار دیا کیونکہ محمد بن تغلق اپنی نوعیت کا واحد فرد تھا اور اس پر روغن قاز ہو یا روغن فیل کسی شئے کا اثر نہ ہوتا تھا۔ محمد بن تغلق کی وفات کے بعد روغن قاز حسب سابق بلا تکلف استعمال ہونے لگا اور مغل بادشاہوں نے بالخصوص اسے بے حد پسند کیا لیکن جہانگیر کے عہد میں جب کہ عوام کے ساتھ انصاف وغیرہ کیا جانے لگا روغن قاز کا استعمال متروک ہو گیا۔ تاہم روغن قاز کی اہمیت میں کوئی کمی واقع نہیں ہوئی۔ مانا کہ بعض سرپھری شخصیتوں نے اس روغن کو اس کا اپنا مقام دینے سے انکار کیا لیکن روغن قاز نے ہر زمانہ میں اپنے لئے جگہ پیدا کر لی اور آج بھی اس کا استعمال عام ہے۔

زندگی میں بڑے آدمیوں سے بھی سابقہ پڑتا ہے ایسے موقع پر ہمیں گھبرانے یا پریشان ہونے کی ضرورت نہیں۔ بڑے آدمی سمجھ بوجھ کے اعتبار سے کچھ زیادہ بھروسہ کے قابل نہیں ہوتے۔ ان کی نازک مزاجی ان کے ملال اور ان کے طنطنہ سب کا ایک ہی علاج ہے کہ انھیں روغن قاز ملا جائے۔ آپ کو شائد تاریخ کے استاد نے کبھی بتایا ہوگا کہ محمود غزنوی کافی بڑا آدمی تھا لیکن اتنا بڑا کہ ایسے آدمی ایک عرصہ سے پیدا ہوتے بند ہو گئے ہیں لیکن اس کے برابر کی شہرت نصیب ہوئی تو کسے ؟؟؟ ایاز کو !!! خدمت سبھی کرتے ہیں وفادار بھی

بہتیرے ہوتے ہیں لیکن ایاز کو اصل میں روغن قاز ملنے میں مہارت حاصل تھی اور محمود بھی تمام بڑے آدمیوں کی طرح اس کا شکار ہوا۔ ایاز نے اس روغن کا کچھ ایسا استعمال کیا کہ آج وہ تاریخ کا ایک اہم مہرہ بنا ہوا ہے۔

بعض صورتوں میں روغن قاز ملنے والے لانگ رن میں یعنی تمت بالخیر کی نوبت پر روغن قاز ملے جانے والوں سے بھی اچھے رہتے ہیں۔

وزیروں کے متعلق ہمیشہ سے یہ مشہور ہے کہ وہ بادشاہوں سے زیادہ مقتدر ہوا کرتے تھے۔ بادشاہوں کی دانائی کے واقعات بہت کم سنائی دیتے ہیں۔ لیکن وزیر ہمیشہ دانا ہوا کرتے تھے کیونکہ وزیر روغن قاز کے ہول سیل ڈیلرز تھے۔

دانت کھٹے کردینا:۔ دانت کھٹے کر دینا اب تو صرف ایک محاورہ کے طور پر استعمال ہوتا ہے لیکن بات یوں شروع ہوئی کہ ایک بے حد مالدار شخص تھے جو بیحد کنجوس بھی تھے۔ اپنے چند دوستوں کے بے حد اصرار پر انہیں کھانے پر مدعو کیا۔ شرما شرمی میں اس نے دعوت تو دے ڈالی لیکن خرچ کے خیال سے کانپ اٹھا۔ آخر سوچ سوچ کر اس نے یہ ترکیب نکالی کہ کھانا کھلانے سے پہلے اس نے اپنے معزز مہمانوں کو اشتہا انگیز ڈش کے نام سے گڑ اور املی کا ملاوا کھلا دیا۔ مہمانوں کے دانت

اس ڈش کے طفیل اس قدر کھٹے ہو گئے کہ بالکل جواب دے گئے اب وہ کھانا کھاتے تو کیا کھاتے۔ اُن کے دانت کھٹے ہونے کی خبر شہر میں بے حد دلچسپی سے سُنی گئی اور ہر کس و ناکس نے اس واقعہ کو مزے لے لے کر دُہرایا۔ اردو زبان تو آپکو معلوم ہی ہے ہر بات کو آسانی سے قبول کر لیتی ہے۔ اُس نے اس واقعہ کو بھی بطور محاورہ اپنا لیا ورنہ آپ ہی بتلایئے کہ دانت کھٹے ہو جانے میں محاورہ بننے کی کیا صلاحیت ہو سکتی ہے۔

پاؤں تلے کی زمین نکل جانا:۔ یہ واقعی محاورہ ہے اور اس کے حسب و نسب میں کوئی شبہ نہیں کیونکہ پاؤں کے نیچے سے زمین کا نکل جانا عملاً ممکن نہیں۔ آدمی کے پاؤں کے نیچے سے زمین نکل جائے تو نقصان کا اندیشہ نہیں لیکن زمین کو کیسے چھوڑا جا سکتا ہے۔ اس میں شک نہیں کہ آدمی کے پاؤں میں اتنا دم خم نہیں کہ وہ زمین کو ہلنے جُلنے نہ دے اور یہ بھی تسلیم کہ زمین متحرک ہے لیکن پاؤں کے نیچے سے زمین کا نکل جانا سمجھ میں آنے والی بات نہیں۔ یہ محاورہ یقیناً کسی ایسے شخص نے گڑھا ہو گا جو انہونی باتیں سوچا کرتا ہو گا۔ لیکن محاورہ ہے بہت عُمدہ اور جو نہی کوئی اُفتاد پڑتی ہے آسانی سے سمجھ میں آجاتا ہے۔

بھینس کے آگے بین بجانا:۔ اول تو بین بجانا ہی کوئی معزز پیشہ نہیں اور پھر بھینس کے آگے بین بجانا تو ایسا ہی ہے جیسے ریل کے

تھرڈ کلاس ڈبہ میں سفر کرنا ہر دو صورتوں میں جان کا ہر لمحہ خطرہ ہے۔

اس محاورہ کے لئے بین بجانے کے ایک شوقین کو اپنی جان کی قربانی دینی پڑی تب کہیں جا کر یہ محاورہ بنا۔ انہیں بین بجانے کا بہت شوق تھا اور وہ بین بجانے بھی بہت عمدہ تھے۔ گاؤں کے رہنے والے تھے۔ سارے گاؤں کے لوگ ان کی بین سن کر خوش ہوتے اور ان کی تعریف کرتے۔ کسی نے ان کے کان میں پھونک دیا کہ جانور وں میں اور بالخصوص بھینسوں میں بین کا لطف اٹھانے کی صلاحیت بہت ہوتی ہے یہ ٹھہرے گاؤں والے۔ انہوں نے نفع نقصان کچھ سوچا نہیں اور ایک دن صبح سویرے ایک جسیم و عریض بھینس کے روبرو پہنچ کر بین بجانی شروع کر دی۔ بھینس نے پہلے پہل تو ان کی طرف توجہ ہی نہیں کی۔ جب بین زیادہ زور سے بجنے لگی تو اس نے اپنے کان ہلائے اور عین اس وقت جب کہ بین کی مرکیاں اپنا رنگ جما رہی تھیں بھینس نے اپنی نکیلی سینگوں سمیت ان پر حملہ کر دیا۔ بھینس کی اس زیادتی سے ملک و قوم کا کوئی نقصان نہیں ہوا البتہ بین بجانے والا صرف جان سے جاتا رہا۔ اس دن سے بین بجانے والوں نے طے کر لیا کہ وہ بین بجائیں گے تو سہی لیکن کبھی بھینس کے سامنے نہیں۔ اور اگر بھینس کے سامنے جانے کی ضرورت ہی پیش آگئی تو بین الگ رکھ کر صرف بغلیں بجائیں گے۔

لکیر کے فقیر:۔ اس محاورہ کی شان نزول معلوم کرنا ناممکنات میں سے ہے

سوائے اس کے اس میں دو قافیے جمع ہو گئے ہیں اور کوئی مطلب کی بات نظر نہیں آتی ۔ زیادہ سے زیادہ یہی ہو سکتا ہے کہ کسی فقیر نے کبھی کسی خاص مقام کو اپنے لئے بے حد مبارک اور منفعت بخش سمجھا ہو اور اس مقام کو یاد رکھنے کی خاطر وہاں ایک آدھ لکیر کھینچ رکھی ہو اور زندگی بھر اُسی لکیر پر کھڑا ہو کر یا بیٹھ کر جیسی بھی صورت ہو بھیک مانگا کرتا ہو ۔ کسی شاعر نے اُسے دیکھ لیا ہو گا اور اُس کا نام لکیر کا فقیر رکھ دیا ہو گا ۔ اب یہ لقب ہر اُس شخص کو دیا جا سکتا ہے جو نئے پن سے کتراتا ہو ۔

لکیر پیٹنا : ۔ سانپ کے نکل جانے کے بعد لکیر پیٹنے کی رسم عام ہے کیونکہ عموماً وقت پر سانپ سے عہدہ برآ ہونے کے انتظامات دشوار ہوتے ہیں ۔ سانپ اچانک اور بے موقعہ نکل آتے ہیں اور آدمی جو فطرتاً ہر کام منصوبہ بندی کے تحت کرنے کا عادی ہوتا ہے، گھبرا جاتا ہے اور فوری طور پر کچھ کرنے کے قابل نہیں ہوتا ۔ سانپ آدمیوں کی اس عادت سے کماحقہ واقف ہوتے ہیں اور انہیں مزید مہلت دئے بغیر سرسراتے نکل جاتے ہیں لیکن آدمی اپنی ہار ماننے کے لئے رضامند نہیں ہوتا ۔ سانپ کے گزر جانے کے بعد وہ اس لکیر کو پیٹتا ہے جو سانپ اپنی یادگار کے طور پر چھوڑ جاتا ہے ۔ لکیر پیٹنے سے آدمی کی تسلی ہو جاتی ہے اور وہ رات میں آرام کی نیند سو سکتا ہے ۔ لکیر پیٹنا آدمیوں کا مرغوب مشغلہ ہے ۔ جو لوگ اس مشغلہ کو پسند نہیں کرتے وہ اپنی زندگی کے دوران میں کچھ ایسے چوکنے

رہتے ہیں کہ سانپ بھی مرجاتا ہے اور لاٹھی بھی نہیں ٹوٹتی۔

تین تیرہ نو اٹھارہ: — چند ایسے محاورے بھی اُردو زبان میں بغیر کسی روک ٹوک کے داخل ہوگئے ہیں جن میں ادبیت اور شعریت کا کوئی دخل نہیں۔ حسابی اُلٹ پھیر نے انہیں محاورہ بنادیا ہے۔ سولہ سنگھار، چارچاند، نوسو چوہوں وغیرہ کے بارے میں آپ پہلے ہی سن چکے ہیں۔ کم سے کم ان تین محاوروں میں حساب کتاب کی کوئی ایسی پیچیدگی نہیں ہے لیکن یہ تین تیرہ نو اٹھارہ میں نہ تو کوئی حسابی فارمولا ہے اور نہ کوئی تیکنک۔ یہ محاورہ بجائے خود ایک گڑبڑ ہے اور خدا معلوم کس سر پھرے حساب داں نے اسے ایجاد کیا ہوگا۔ اس شخص کی روح یقیناً اب بھی بے چین ہوگی۔

نو دو گیارہ: — یہ البتہ سیدھا سادا حساب ہے اور ایک بچہ بھی آپ کو بتلا سکتا ہے کہ نو ۹ میں دو ۲ جمع کیے جائیں تو جملہ گیارہ ۱۱ ہوجاتے ہیں لیکن نو دو گیارہ کا مطلب کچھ اور ہی ہے اور ہم یہ بتلانے سے قاصر ہیں کہ اس کا مروجہ مطلب کس طرح اور کیوں کر لوگوں کے ذہن میں خود بخود آجاتا ہے۔

تھوڑی بہت انگریزی، فارسی، ہندی اور چند علاقائی زبانوں سے ہم بھی واقف ہیں لیکن کسی زبان میں اس قسم کا محاورہ ہم نے

نہیں سُنا۔ یہ اُردو زبان کی لچک ہے کہ نو دو گیارہ جیسے معمولی الفاظ میں بھی اتنے حسین مطالب پوشیدہ ہیں۔

آٹھ آٹھ آنسو رونا:۔ روتے وقت بھلا کون اپنے آنسوؤں کو گنے گا لیکن نفسیات کے ماہرین اس کام سے بھی نہیں چوکے۔ انہوں نے آدمی کے غم کو بھی ناپنے اور تولنے کے پیمانے ڈھونڈ نکالے۔ ماہرین نفسیات اور ریاضی داں مفکرین کا کہنا ہے کہ اگر کوئی شخص اپنی دونوں آنکھوں سے وقت واحد میں آٹھ آٹھ آنسو نکال کے روتا ہے تو سمجھ لینا چاہئے کہ اس کے دل پر غم کا بہت زیادہ اثر ہے اور یہ کہ وہ رونے میں حق بجانب ہے۔

دن دونی رات چوگنی ترقی کرنا:۔ ایک زمانہ تک یہی سمجھا جاتا رہا کہ رات صرف آرام کے لئے بنائی گئی ہے لیکن جونہی اُردو زبان وجود میں آئی اور یہ محاورہ بنایا گیا۔ دُنیا پر یہ حقیقت روشن ہوگئی کہ رات کے اندھیرے میں بھی انسان ترقی کر سکتا ہے اور ترقی کی رفتار دن کی ترقی کی رفتار سے بھی دُگنی ہو سکتی ہے۔ اس محاورہ سے پہلے دُنیا کے سارے کام صرف دن کی حد تک محدود تھے بعد میں نائٹ شفٹ (Night Shift) کا آغاز ہوا اور چند ہی دنوں میں دُنیا دن دونی رات چوگنی ترقی کرنے پر مجبور ہوگئی۔

چودہ (۱۴) طبق روشن ہوجانا: — یہ دُنیا عجائب خانہ ہے مشہور یہ ہے کہ آسمانوں کی جملہ تعداد سات ہے اور جب آدمی بہت بڑا بن جاتا ہے تو خود تو وہ ساتویں آسمان پر جا نہیں سکتا لیکن اُس کا دماغ ضرور فلک ہفتم پر پہنچ جاتا ہے۔ سات آسمانوں کے علاوہ دُنیا کے چودہ (۱۴) عدد طبق بھی ہیں اور ان کا دیکھنا کسی کے بس کی بات نہیں لیکن کبھی کبھی آدمی پر ایسا بھی وقت آتا ہے کہ ایک ہی لمحہ میں اُس پر چودہ کے چودہ طبق روشن ہوجاتے ہیں۔ کسی شریف آدمی کو ایسے وقت کا انتظار نہیں کرنا چاہیے اور قبل اس کے کہ اُس پر چودہ طبق روشن ہوں اُسے نو دو گیارہ ہوجانا چاہیے۔

بارہ گھاٹ کا پانی پینا: — لوگ ۱۲ گھاٹ سے بھی زیادہ کا پانی پیتے ہوں گے اور بالخصوص ریاستوں کی تنظیم جدید کے بعد تو ۱۲ سے کئی زیادہ گھاٹوں کا پانی پینے کے امکانات پیدا ہوگئے ہیں لیکن ۱۲ کی تعداد معیاری ہے جو شخص جتنے بھی زیادہ گھاٹ دیکھے گا اتنا ہی زیادہ تجربہ کار کہلائے گا اور عزیز و اقارب دوست احباب اُس سے اتنا ہی ڈریں گے اس لئے مقدور ہو تو آدمی کو دنیا کے ہر گھاٹ کا پانی پینا چاہیے۔

سولہ سو کے ہزار (۱۶۰۰ / ۱۰۰۰): — یہ محاورہ بھی کسی بنئے کے ذہن کی پیداوار

معلوم ہوتا ہے۔ ہزار کے سولہ سو بنانا ہر شخص کے بس کی بات نہیں لیکن سولہ سو کے ہزار بنانا اگر آدمی فطرتاً بینا نہ ہو تو بے حد آسان ہے۔ یوں بھی ترقی زما جبکہ روپیہ کی قیمت وہ نہیں رہی جو پہلے تھی۔ سولہ سو کے صرف دو چار سو رہ جانا کچھ مشکل نہیں۔ عورتیں اس فن کی ماہر سمجھی جاتی ہیں اور بڑی چابکدستی کے ساتھ سولہ سو کے ہزار بنا سکتی ہیں۔

سو سُنار کی ایک لوہار کی: — بے چارا سُنار اپنے کام کی نوعیت سے مجبور رہے ورنہ ہمت اور طاقت میں وہ بھی لوہار سے کم نہیں ہوتا سونے کا صرف زیور بنتا ہے جس کے بنانے کے لئے کاریگری، صناعی، اور ہوشیاری درکار ہے اور یہی وجہ ہے کہ بہت زیادہ ٹھک ٹھک کرنی پڑتی ہے یہ نہیں کہ اُٹھایا اور ہتھوڑا چلا دیا۔ ہمیں لوہار کی مخالفت کرنے سے کوئی مادی فائدہ حاصل ہونے والا نہیں ہے اور لوہار بھی ہمارے نزدیک پوزیشن اور وقعت کا مستحق ہے جو کسی محنت و مشقت کرنے والے کو ملنی چاہیئے۔ لیکن اس محاورہ میں لوہار کو سنار پر غیر ضروری فوقیت دے دی گئی ہے۔ لیکن اب کیا ہو سکتا ہے محاورہ جو بن گیا بن گیا۔ یہ کوئی صوبہ یا ریاست تو ہے نہیں جسے ہمیشہ موڑا توڑا جا سکے۔

ادبیّات

یہ بڑی اچھی بات ہے کہ ادب پر کسی قسم کا کوئی احتساب قائم نہیں ہے نتیجتاً باعلم اور بے علم ہردو کو یہ موقعہ حاصل ہے کہ وہ دنیا میں کچھ کام کرجائے۔ یوں بھی شعر و ادب کی دنیا میں وقتی طور پر شہرت حاصل کرنے کے لئے کوئی کڑی شرائط نہیں ہیں ورنہ آپ جانتے ہیں کہ زندگی کے ہر معمولی اور غیر معمولی شعبہ میں بڑی بڑی پابندیاں ہیں۔ راستہ چلتے وقت بھی دائیں اور بائیں بازو کا خیال رکھنا پڑتا ہے۔ اس طریقہ کو رواج دینے سے کیا فائدے حاصل ہوئے ہیں یہ تو محکمۂ پولس ہی بتاسکے گا لیکن ہمیشہ بائیں سمت سے چلنے والے' اندازہ کہتا ہے کہ بائیں بازو والے لفٹسٹ (Leftist) بن جاتے ہیں اور حکومتوں کو پریشانی کا سامنا کرنا پڑتا ہے۔ پتہ چلاہے کہ امریکہ میں لوگ بجائے بائیں طرف سے چلنے کے سیدھے ہاتھ کی طرف سے چلتے ہیں۔ موٹروں میں شوفر کی نشست بائیں سمت ہوتی ہے لیکن اس کے باوجود اسے دائیں بازو کا خیال رکھنا پڑتا ہے۔ ہماری نظر سیاسی معاملات پر کچھ زیادہ اچھی نہیں ہے لیکن ایسا محسوس ہوتا ہے کہ امریکہ میں حکومت کے معاملات صرف اسی ایک بات کی وجہ سے آسانی

ملے پا جایا کرتے ہیں۔ دائیں طرف بیٹھنے کے باوجود بائیں طرف کا خیال رکھنے کی بنا پر نادانستہ طور پر عوام کے خیالات خراب ہو جاتے ہیں ___ بات پابندیوں کی تھی اور کہنا یہ تھا کہ زندگی کے ہر شعبہ میں کسی نہ کسی قسم کی پابندی ہے۔ نماز بھی پڑھنا ہو تو طہارت اور وضو ضروری ہے۔ شادی جیسے ناسمجھی کے کام کے لئے بھی سن بلوغ کو پہنچنا ضروری ہے لیکن ادب کے میدان میں آزادی ہی آزادی ہے۔ نہ سن بلوغ کی شرط ہے نہ علم و شعور کی۔ دنیائے ادب تو ایک چراگاہ ہے جس میں ہر قسم کے جانور سانس لے بھی سکتے ہیں اور سانس چھوڑ بھی سکتے ہیں۔ جو جی میں آئے لکھئے اور مشہور ہو جائیے۔

ادب کی کئی اصناف ہیں۔ یوں شاعری بھی کچھ ایسی زیادہ مشکل بات نہیں ہے لیکن نثر لکھنا گھاس کاٹنے کے برابر آسان ہے۔ شاعری اور نثر نگاری میں تھوڑا ہی سا فرق ہے جسے نازک بھی کہا جا سکتا ہے یعنی یہ کہ شعر کہا جاتا ہے لکھا نہیں جاتا۔ لیکن نثر لکھی جاتی ہے کہی نہیں جاتی۔ بعض لوگ ہر دو کام کرتے ہیں۔ غالب صاحب شعر بھی کہتے تھے اور نثر بھی لکھتے تھے۔ نثر چونکہ لکھنی پڑتی تھی اس لئے وہ عموماً اپنے کان پر قلم رکھے رہا کرتے تھے۔ لیکن آپ کو ایسا کرنے کی ضرورت نہیں۔ پہلے آپ یہ طے کر لیجئے کہ آپ کیا لکھنا چاہتے ہیں اور کس حیثیت سے منظر عام پر آنا چاہتے ہیں ___ ادب کی چند خاص اصناف یہ ہیں:۔

تنقید۔ **تصنیف** اور ترجمہ۔ تنقید کے ساتھ تبصرہ اور

تقریظ کو بھی شریک کر لیجیۓ اور تصنیف کے ساتھ تالیف کو — ترجمہ البتہ اپنی تنہا حیثیت رکھتا ہے۔

ان میں سے کسی ایک کا انتخاب کر لیجیۓ اور بلا کچھ سوچے سمجھے لکھنا شروع کر دیجۓ، تھوڑے ہی دنوں میں اچھی خاصی شہرت ہو جاۓ گی اور چند سال بعد آپ کو کسی نہ کسی کانفرنس کی صدارت کے لیۓ ضرور طلب کر لیا جاۓ گا۔ ان اصناف کی تفصیل یوں ہے :—

تنقید :۔ اب آپ یہ مت سوچیۓ کہ تنقید کے لغوی معنی کیا ہیں اور اس کی صحیح تعریف کیا؟ اور نہ یہ دیکھیۓ کہ آرنلڈ نے اس کے بارے میں کیا کہا ہے اور مولانا حالی کیا فرماتے ہیں۔ یہ سب فروعی باتیں ہیں۔ ان بکھیڑوں میں اپنے آپ کو مت اُلجھائیۓ اور صرف تنقید کر ڈالیۓ۔ تنقید ہمیشہ ایسی ہونی چاہیۓ کہ اس پر تنقید ہو سکے۔ اس طرح نقادوں کی نسل بڑھتی ہے۔ آپ نے ایک تنقید کی اس پر کسی نے اعتراضاً تنقید کر دی۔ تیسری جانب سے آپ کی حمایت میں کوئی نہ کوئی کھڑا ہی ہو جاۓ گا۔ ایک مرتبہ آپ تنقید کر کے تماشہ تو دیکھیۓ۔ تنقید میں ایک بات کا البتہ ہمیشہ خیال رکھنا چاہیۓ کہ بات بلند مقام سے کہی جاۓ۔ اوپر سے کہنے والے کی بات لوگ سر اُٹھا کر سنتے ہیں۔ مثلاً یہ کہ "ادب اب تک کئی چولے بدل چکا ہے۔ ادب کے نئے رجحانات اب زمانہ کے معاشرتی و عمومی حالات سے ہم آہنگ ہیں۔ تشکیک اور ابہام کے اس دور میں بھی صالح ادب کے کئی نمونے ہمیں مل سکتے ہیں۔ لیکن زیرِ نظر کتاب "باغ و داغ" میں رجعت پسندی

اور بے یقینی کے علاوہ اور کوئی بات نظر نہیں آتی ۔ یہ کتاب رجعت پسندی کا داغ ہے اور ادب کے ماتھے کا داغ"۔ یا پھر یہ کہ "یہ اُردو ادب کی بڑی بد قسمتی ہے کہ اس پروپگنڈہ کے دور میں ہر چمکدار چیز سونا بن گئی ہے اور اس کے علی الرغم کئی جواہر ریزے عوام اور بالخصوص اہل ذوق کی کور بینی کے باعث چمکنے سے پہلے ہی بے آب ہو کر رہ گئے۔ فضل صاحب منشی کامل ایسے ہی ادیبوں میں سے ہیں جن کی تصانیف پر ہمارے اہل علم طبقہ نے بہت کم توجہ کی ہے ۔ انصاف اور شرافت کا تقاضہ ہے کہ بطور کفّارہ اب فضل صاحب کی بے مثال کتابیں' سیدھا درخت اور پیچیدہ راستے اور سبحان تیری قدرت' باضابطہ پڑھی جایا کریں۔"

تبصرہ : ۔ تبصرہ کرنا تو تنقید سے بھی زیادہ آسان کام ہے بلکہ یوں سمجھئے کہ کوئی کام ہی نہیں ۔ آپ چاہیں تو تبصرہ کرنے کے لئے بائیں ہاتھ کا بھی استعمال کر سکتے ہیں ۔ تبصرہ کے لئے سب سے ضروری بات یہ ہے کہ آپ کا مطالعہ کچھ نہ ہو' ورنہ تبصرے اور اس کتاب میں کوئی فرق نہ رہ جائے گا جس پر آپ تبصرہ کر رہے ہیں۔ تبصرہ چونکہ تنقید اور تقریظ کی ایک درمیانی شکل ہے اس لئے تبصرہ نگار کا فرض ہے کہ جہاں وہ کتاب کی خرابیاں بیان کرے وہیں کسی نہ کسی اچھائی کا بھی ذکر کر دے۔ کتاب میں کوئی اچھائی نہ ہو تب بھی تبصرہ نگار پر لازم ہے کہ کتابت و طباعت ہی کی خوبی کا ذکر کرے جلد بندی کی تعریف کرے یا کم سے کم سرورق کی سادگی و پُرکاری ہی کو سراہے ۔ ایسا ہی تبصرہ کامیاب

تبصرہ کہلاتا ہے۔ نقّاد عام طور پر صرف معائب پر نظر رکھتا ہے۔ تقریظ لکھنے والا محبت کا بندہ ہوتا ہے لیکن تبصرہ نگار ان دونوں کے درمیان "خیرالامور اوسطہا" کا مجسم نمونہ ہے۔ مندرجہ ذیل طبعزاد تبصرہ ملاحظہ فرمایئے جو نمونتاً پیش کیا جارہا ہے:۔

ڈاکٹر صفی الحق نادر کی تالیف جسے تصنیف کا رنگ دیکر پیش کیا گیا ہے اس لحاظ سے قابل توجہ ہے کہ اس میں اردو کے تمام ادیبوں کی تحریروں کے نمونے جمع کردئے گئے ہیں اور تاریخ ادب کے طالب علموں کے لئے مختلف ادیبوں سے متعلق آسانی کے ساتھ واقفیت حاصل کرنے کا معقول انتظام کردیا گیا ہے۔ فاضل مولف اس کاوش کے لئے یقیناً مبارکباد کے مستحق ہیں۔ لیکن کیا ہی اچھا ہوتا کہ مولف صاحب ان اسالیب بیان سے متعلق اپنی رائے محفوظ ہی رکھتے یا اگر کسی مجبوری کے تحت ایسا کرنا ہی مقصود تھا تو کم سے کم انشاء اور عبارت کو درست فرمالیتے۔ بہرحال یہ کتاب اُن طالب علموں کے لئے بڑی مفید ثابت ہوگی جنھیں امتحان میں کامیاب ہونے کی زیادہ فکر ہیں۔ کتاب کی طباعت پر پبلشر صاحبان نے بڑی توجہ کی ہے۔ اغلاط نامہ موجود ہے۔ لکھائی چھپائی بھی عمدہ ہے ضخامت کم قیمت زیادہ۔ ہر جگہ مل سکتی ہے۔

تقریظ:۔ تقریظ پروپگنڈہ کا عربی ترجمہ ہے۔ اس کا اصلی مطلب یہ ہے کہ کتاب کی فروخت میں آپ کی تحریر کا اثر خود کتاب کے اثر سے زیادہ ہوتا ہے۔ آپ کو فی الحال اُس وقت کا انتظار کرنا ہوگا جب

مصنف خود آپ سے تقریظ لکھنے کی فرمائش کرے لیکن آپ چاہیں تو انتظار کی زحمت سے بچ سکتے ہیں اور جونہی کوئی کتاب شائع ہو آپ ایک تقریظ لکھ کر کسی روزنامہ میں بطور تقریظ یا کسی ماہنامہ میں بطور خط چھپوا سکتے ہیں آپ کی لکھی ہوئی تقریظیں مسلسل چھپتی رہیں تو چند دنوں بعد مصنفوں کی فرمائشیں خود بخود آپ پاس آجائیں گی۔ تقریظ میں کتاب کی تعریف کے ساتھ ساتھ اگر آپ چاہیں تو مصنف کی ذات اور اُس کے اہل و عیال کی بھی تعریف کر سکتے ہیں۔ مثال ملاحظہ ہو:—

"حضوری صاحب کا نام اردو ادب میں اب تعارف کا محتاج نہیں رہا۔ آپ نے گزشتہ دس سال کے عرصہ میں کم سے کم بیس ہزار فل اسکیپ صفحے لکھے ہیں۔ آپ نے جب "مناظر قدرت" کے عنوان پر قلم اُٹھانے کا ارادہ کیا اور میری رائے طلب کی تو میں نے صاف گوئی سے کام لیتے ہوئے یہی کہا کہ پروفیسر صاحب اس عنوان پر ہمارے ادب میں کتابیں ہی نہیں ہیں اور اس کی بڑی ضرورت ہے کہ کوئی نجیب الطرفین اہل قلم اس طرف توجہ کرے۔ آپ کا اس عنوان پر لکھنا کتاب کی افادیت کی ضمانت ہوگا۔ کتاب چھپ کر تیار ہے۔ میں نے اسے دو تین مرتبہ بغور پڑھا اور ہر مرتبہ اسلوب بیان اور طرز تحریر پر جھوم جھوم گیا۔ معلومات کا جو ذخیرہ ان چند صفحات میں منتقل کر دیا گیا ہے اُردو کی کسی اور کتاب میں اسکی مثال مشکل سے ملے گی بلکہ میرا خیال ہے نہیں ملے گی۔ یقین ہے کہ یہ کتاب اُردو ادب میں ایک بیش بہا اضافہ تصور کی جائے گی' اور مناظر قدرت جیسے اہم

اور دلچسپ مضمون سے شغف رکھنے والے حضرات اس سے خاطرخواہ فائدہ اٹھائیں گے۔ یہ کتاب محرابِ ادب کی شمع ہے۔

تصنیف:۔ اب بقیہ تین اصناف کی طرف توجہ فرمائیے۔

ان میں اگرچہ وقت زیادہ صرف ہوتا ہے لیکن شہرت بھی اسی نسبت سے زیادہ ہوتی ہے۔ مصنف بننے کے لئے ضروری ہے کہ آپ کے پاس کچھ سرمایہ ہو خواہ یہ سرمایہ آپ کو والدمرحوم کا جائز بیٹا ہونے کی علت میں ملا ہو خواہ سُسرال سے۔ بہرحال اگر آپ کے پاس سرمایہ ہے تو صرف آپ ہی کے مصنف بننے کی حد تک بات محدود نہیں آپ کے خاندان میں کئی پشتوں تک یہ سلسلہ چل سکتا ہے لیکن زندہ دل قسم کے لوگ جنہیں قدرت نے ثمفت کی دولت فراہم کر رکھی ہے اپنی کتابوں کی اشاعت کے سلسلہ میں ٹرسٹ تک قائم کردینے میں تکلف نہیں کرتے۔ یوں بھی دنیائے ادب میں کسی قسم کے حجاب کا سوال نہیں پیدا ہوتا۔ کتابیں لکھنے کے دو طریقے عام طور سے رائج ہیں۔ ایک پلے بیک (Play back) اور دوسرا کف چراغ دار دوالا۔ پلے بیک تصانیف کے لئے آپ کو ملازم رکھنا پڑے گا اور اُسے باقاعدہ معاوضہ بھی دینا ہوگا۔ کتابیں ملازم لکھے گا اور چھپیں گی آپ کے نام سے یہ طریقہ آپ کو ناپسند ہو یا آپ کے بس کا نہ ہو تو بابا تامل اپنے استاد ولما کسے لکھے ہوئے اشارات اپنے نام سے چھاپ دیجئے یا انگریزی ادب سے کچھ لے کر اردو ادب میں پیش کر دیجئے۔ مصنف بننے کی ایک رائج الوقت تدبیر یہ بھی ہے کہ شہر کے کسی رئیس کے باپ کے حالات چھاپے جائیں یا پھر

کسی گاؤں اور قصبہ کے مشاہیر کی سوانح حیات۔

تالیف :۔ تالیف کا کام تو کوئی کام ہی نہیں یہ تو ایسا ہی ہے جیسے کسی مشاعرہ کا اناؤنسر بننا۔ جب جی چاہے آپ مولف بن سکتے ہیں یقین مانیے آپ دنیا میں کوئی اور کام کر سکتے ہوں یا نہ کر سکتے ہوں لیکن مؤلف ضرور بن سکتے ہیں۔ اپنے شہر کے شاعروں کے حالات زندگی اور منتخب کلام جمع کیجیے اور چھاپ دیجیے۔ چند مسخروں کے خطوط حاصل کیجیے اور شائع کر دیجیے۔ جی چاہے پہیلیاں چھاپیے یا اقوال زریں۔ ایسی کتابوں کا نام سبز حاشیے یا ادبی ڈائجسٹ رکھا جا سکتا ہے۔

ترجمہ :۔ اب رہا ترجمہ تو اس کی سب سے بڑی خوبی یہ ہے کہ وہ ترجمہ نہ ہو۔ صرف ہمت اور جرأت درکار ہے۔ ترجمہ بڑی قدر کی نگاہوں سے دیکھا جاتا ہے اور لوگوں پر آپ کی جفاکشی عرق ریزی اور دماغ سوزی کا بڑا رعب پڑتا ہے۔ مترجم کی حیثیت بالکل نئے ماڈل کی موٹر کار کے مالک کی حیثیت کے لگ بھگ ہوتی ہے۔ میں پہلے ہی بتا چکا ہوں کہ ترجمہ سوائے ترجمہ کے سب کچھ ہو سکتا ہے۔ آپ اس کام کو یوں شروع کیجیے کہ آج سے کوئی دس پندرہ سال پہلے کا ماہنامہ یا سالنامہ اٹھائیے اور اس میں جو افسانہ بھی آپ کو پسند آجائے اُس کی نقل کر ڈالیے۔ تھوڑی سی ہلدی اور پھٹکری کا استعمال زیادہ مفید ہوگا۔ اب آپ کو صرف چند تعارفی سطور لکھنی ہیں۔ آپ بلا خوف وخطر لکھ سکتے ہیں۔ "محبت کا دیوتا" دنیا کے مشہور افسانہ نگار جے۔ ایس۔ مارولے (۱۵۲۷ء تا ۱۵۹۸ء) کے معرکۃ الآرا

افسانہ گاڈ آف لو (God of love) کا ترجمہ ہے جو پہلی دفعہ اُردو ادب میں پیش کیا جا رہا ہے۔" پڑھنے والوں کی مجال نہیں کہ آپ کے بیان پر کسی قسم کا شبہ کریں۔ اگر کسی مطالعہ باز شخص کے حافظہ نے اُسے یاد بھی دلایا کہ ایسا ہی افسانہ وہ پہلے بھی کبھی پڑھ چکا ہے تو اسے آپ پر شبہ نہ ہوگا بلکہ وہ یہی سمجھے گا کہ اُس افسانہ نگار نے ڈاکہ ڈالا ہوگا۔ ناول کے ترجمہ کے سلسلہ میں آپ کو یہ کرنا ہوگا کہ شرر مرحوم کا کوئی ناول لے کر اُس میں جتنے بھی نام ہیں بدل دیجئے (پہاڑوں اور دریاؤں کے نام شائد آپ کو زیادہ ملیں)۔ واقعات کو تھوڑا سا گھما دیجئے۔ کسی کی شادی ہوئی ہو تو اُسے بغیر شادی ہی کے رہنے دیجئے۔ ناول کا ہیرو بیمار نہ ہوا ہو تو اُسے بیمار بنا دیجئے یا کرکٹ کے میدان میں اُتار دیجئے اور دیباچہ میں لکھئے کہ :-

" ایف ٹی انڈر گراؤنڈ کی شہرہ آفاق ناول بی آنڈ دی ہوائز ن (Beyond the Horizon) کا ترجمہ" افق سے دور" کے نام سے اردو ادب کے سرپرستوں کی خدمت میں پیش کیا جا رہا ہے۔ ناظرین کو یاد ہوگا کہ یورپ میں جب یہ کتاب چھپی تو ادب کی دنیا میں ایک انقلاب برپا ہو گیا۔ اس کتاب کے ناشروں اور خود مصنف کو لوگوں نے اتنے خطوط لکھے کہ محکمہ ٹپہ کو اس کتاب کے نام پر ایک علیحدہ پوسٹ آفس کھولنا پڑا انگلستان کی تاریخ میں یہ اپنی نوعیت کا پہلا اور آخری واقعہ ہے ناظرین اس کتاب کا مطالعہ شروع کرنے کے چند ہی لمحوں بعد اندازہ

لگالیں گے کہ مصنف کو اظہار واقعات پر کس قدر قدرت حاصل ہے مصنف کے ناول کے کردار الف لیلہ کی داستانوں کی خیالی پریاں نہیں ہماری آپ کی دنیا کے چلتے پھرتے انسان ہیں لیکن اس کے باوجود وہ حسن اور صورت میں پریوں سے سبقت لے جاتے ہیں۔ اور ان کے محیر العقول کارنامے الف لیلہ کی فرضی داستانوں کو شرماتے ہیں مصنف کے انداز بیان کی شیرینی اور جگہ جگہ ظرافت کی نمکینی نے ناول کی دلچسپی کو معراج پر پہنچا دیا ہے۔ ہیچمداں مترجم نے اصل کی خوبیوں کو برقرار رکھنے کی کوشش کی ہے اس میں وہ کہاں تک کامیاب ہوا ہے یہ آپ جانیں۔ اگر شایقین ادب نے یہ ناول پسند کیا تو آئندہ اسی عظیم المرتبت مصنف کا دوسرا ناول ریڈ بلڈنگ (Red Building) کا ترجمہ پیش کرنے کی جرائت کی جائے گی ۔"

مجرّب نسخے

(طب و حکمت)

بینائی تیز کرنے کا نسخہ:۔ بینائی تیز کرنے کا آسان نسخہ تو یہ ہے کہ آنکھوں کے کسی ڈاکٹر کے ہاں جائیے اور معائنہ کروانے کے بعد عینک بنوا لیجئے عینک کا فریم جتنا خوبصورت اور قیمتی ہوگا اتنی ہی زیادہ بینائی تیز ہوگی لیکن جو لوگ عینک استعمال نہیں کرسکتے یا کرنا نہیں چاہتے اُنکی بینائی کا معاملہ بھی غور کئے جانے کے لائق ہے۔ مثال کے طور پر ڈاکو پیشہ ور پیراک، لٹھ باز قسم کے لوگ عینک قطعی استعمال نہیں کرسکتے۔ عینک اِن کے راستہ میں حائل ہوتی ہے۔ ایسے لوگوں کو جو عینک لگا کر بھی اپنی عینک ڈھونڈتے ہیں۔ عینک کا استعمال راس نہیں آتا۔ بعض لوگوں کے چہرہ کی ساخت عینک جیسی خوبصورت چیز کے لئے موزوں نہیں ہوتی اور بعض خوشنما چہرے عینک کی وجہ سے اپنی افادیت کھو بیٹھتے ہیں۔ یوں بھی عینک کے استعمال سے بصارت کی کمزوری کا اعلان ہو جاتا ہے پس لازم ہے کہ بینائی تیز کرنے کے لئے عینک کے سوا کوئی اور چیز استعمال کی جائے۔ اس کی آسان تدبیر یہ ہے کہ آدمی سوتے وقت اپنی آنکھیں بند کرکے سوئے۔

سو کر اُٹھے تو پانی ملے دودھ سے آنکھیں دھوئے۔ ہریالی کو تکے اور سڑک پر چلتے وقت خوبصورت چیزوں کو خواہ وہ جان دار ہوں یا بے جان خوب گھُورے۔ دوسروں کے مال پر نظر رکھے۔ غذا میں ہری مرچ زیادہ استعمال کرے اور آنکھوں پر سرخ مرچ کا لیپ کرے۔ اِس طریق عمل سے آدمی کی بینائی عقاب اور ہاتھی کی بینائی سے بھی زیادہ تیز ہو سکتی ہے۔ بالخصوص جو لوگ دوسروں کے مال پر نظر رکھنے کے عادی ہوتے ہیں وہی چشم بینا رکھتے ہیں۔

بال سیاہ کرنے کا نسخہ:۔ سفید بال خواہ دھوپ میں سفید ہوئے ہوں یا زیادتی عمر کی وجہ سے سوسائٹی میں پسندیدہ نظروں سے نہیں دیکھے جاتے۔ بصارت کی کمزوری کو سوسائٹی معاف کر دیتی ہے لیکن سفید بالوں کو متفقہ طور پر عیب سمجھا جاتا ہے۔ اس عیب جو دنیا میں رہنا ہے تو سفید بالوں کو سیاہ کرنا بے حد ضروری ہے خواہ آدمی بے روزگار ہی کیوں نہ ہو۔ ہیئر ٹانک تیار کرنے والی فرموں کا تو خیال ہے کہ مَردوں کے سیاہ گھنے اور چمک دار بالوں کو عورتیں پہلے تو جی بھر کر دیکھتی ہیں اور پھر آنکھیں بند کر کے فدا ہو جاتی ہیں۔ اگر واقعی ایسا ہوتا ہے تو عورتوں کی شرافت میں شبہ نہیں لیکن سر کے بالوں کو صرف اسی مقصد کے تحت سیاہ رکھنا ضروری نہیں بلکہ اس کی کئی اور بھی وجوہ ہیں۔ ایسے واقعات بھی سنے گئے ہیں کہ مونچھ کا صرف ایک آدھ بال سفید پائے جانے کی وجہ سے اچھے خاصے مردِ معقول کو سیلز مین کی خدمت نہیں ملی۔

بالوں کو سیاہ رکھنا کچھ زیادہ مشکل کام نہیں بس ایک شرط ہے کہ آدمی کے سر پر بال ہونے چاہئیں۔ بالوں کو کم سے کم دو مرتبہ پختہ رنگ کی سیاہ روشنائی سے دھونا چاہیئے۔ رات میں سوتے وقت توے کی کالک بالوں میں لگانی چاہیئے اس بات کا خیال رہے کہ کالک منہ پر نہ لگ جائے۔ دن میں ایک مرتبہ سر پر سیاہ کپڑا باندھ کر شعاعی غسل لینا چاہیئے سیاہ کپڑے سے گزر کر سورج کی شعاعیں بالوں کو سیاہ رکھنے میں مدد دیتی ہیں دنیاداری کے ہر مسئلہ میں سیاہ قلبی سے کام لینا چاہیئے۔ آدمی تجارت پیشہ ہو تو اُسے کالا بازار چلانا چاہیئے۔ دیکھا گیا ہے کہ سیاہ قلب لوگوں کے بال عام طور پر اخیر عمر تک سیاہ رہتے ہیں۔

چمکدار دانتوں کا نسخہ: ۔ چمکتے ہوئے اور شفاف دانت نعمت ہوتے ہیں اور قدرت کی کسی غلطی ہی سے نصیب ہوتے ہیں۔ مسکراتے سبھی ہیں لیکن مسکرانے کا حق دیکھا جائے تو صرف انہی لوگوں کو پہنچتا ہے جن کے دانت ہموار اور چمکیلے ہوں۔ خوبصورت اور چمکدار دانت رکھنے والوں کی مسکراہٹ صرف مسکراہٹ نہیں ہوتی کسی مملکت کی طرف سے بیماری کیا ہوا اسٹ پیپر ہوتی ہے۔ دانتوں کو چمکدار بنانا شرعاً جائز اور عملاً بے حد آسان ہے۔ سفید جھوٹ بولتے رہنے سے دانت بے حد چمکیلے ہو جاتے ہیں لیکن دانتوں کو چمکدار بنانے کا یہ صرف خارجی علاج ہے اور صرف اس تدبیر سے خاطر خواہ نتائج کا حاصل ہونا ضروری نہیں اس لیئے کہ اگر صرف سفید جھوٹ بولنا کافی ہوتا تو ہر مدبر کے دانت چمکیلے

ہوتے۔ اس لئے داخلی طور پر بھی چند نسخے استعمال کرنا چاہیے۔ دانت صاف رکھنے کے لئے دانتوں پر بینگن کا چھلکا ملا جائے اس حد تک کہ چھلکا ریزہ ریزہ ہو جائے۔ بکری کے تازہ دودھ سے کلیاں کی جائیں اس حد تک کہ منہ دکھ جائے۔ تھوڑی دیر منہ کو آرام دیا جائے اور پھر فوراً مولی چبائی جائے۔ یا تو مولی چبا کر تھوک دی جائے یا کھالی جائے (یہ فعل اپنی اقتصادی حالت کے مطابق کیا جائے)۔ رات کے وقت بستر پر لیٹنے سے پہلے دانتوں کو صاف کرنا ضروری نہیں صرف ان کو گن لینا کافی ہے۔

خوبصورت اور اونچی ناک کا نسخہ:۔ عملی دنیا میں ناک کی خوبصورتی یا اونچائی کو اہم چیز سمجھ بیٹھنا بظاہر فضول سی بات معلوم ہوتی ہے لیکن حقیقت یہ ہے کہ دنیا میں آدمی کی ناک کا قدرے اونچا رہنا اتنا ہی ضروری ہے جتنا کہ آدمی کا پاجامہ پہننا۔ اب ناک کی اونچائی کے ساتھ ساتھ اس کی خوبصورتی بھی اس کا لازمہ بنتی جا رہی ہے، یہ بات خواہ کتنی ہی عجیب کیوں نہ معلوم ہوتی ہو لیکن مروجہ اقدار سے مفر نہیں اور یوں بھی کیا حرج ہے اگر آدمی اپنی اور فکروں میں اپنی ناک کی فکر کا بھی اضافہ کر لے۔ بیٹھی ہوئی ناک کو اونچا کروا لینا سرجری کے ذریعہ ممکن ہے لیکن بیٹھی ہوئی ناک، نیچی ناک سے مختلف ہوا کرتی ہے۔ ناک کا نیچا ہو جانا محاورہ ہے اور اس کا تعلق بجائے خود ناک سے نہیں بلکہ آدمی کی ذات اور اُس کے حالات سے ہوتا ہے اسلئے دبی ہوئی ناک صرف آدمی کے چہرہ کی ساخت پر اثر انداز ہوتی ہے

انسان کی زندگی پر نہیں۔ دبی ہوئی ناک والے بھی عملی زندگی میں بلا تکلف کامیاب ہو سکتے ہیں۔ البتہ ناک بلحاظ عضو جسمانی نظر انداز کئے جانے کی چیز نہیں اور اسے اونچا اور خوبصورت بنانے کی کوشش کرنا غیر شریفانہ فعل ہے نہ تضیع اوقات بلکہ یہ ایک عمدہ ہابی ہے۔ خوشنما ناک بعض موقعوں پر بڑا کام دے جاتی ہے۔ ستواں ناک اسی لئے لڑکیوں کی شادی میں مفید پائی گئی ہے۔ اعداد و شمار بتلاتے ہیں کہ ستواں ناک رکھنے والی لڑکیوں کی شادیاں وقت پر بلکہ بعض صورتوں میں کمسنی ہی میں انجام پا گئی ہیں۔ پھولی ہوئی ناک بھی اچھی چیز نہیں ہوتی ناک کو خوشنما بنانے کے لئے ضروری ہے کہ ناک پر کبھی نہ بیٹھنے دیا جائے (اچھا ہے کہ رات کے وقت مکھیاں خود آرام کی عادی ہیں ورنہ رات کی تاریکی میں مکھیوں سے ناک کی حفاظت کا مسئلہ سرحدوں کی حفاظت کی طرح دشوار ہو جاتا) اس احتیاطی تدبیر کے ساتھ ساتھ آدمی کو چاہیے کہ ناک پر کسی قسم کا بار نہ ڈالا جائے۔ جو لوگ ناک میں بات کرتے ہیں یا شعر پڑھتے وقت ناک کو ترنم کی غرض سے استعمال کرتے ہیں اپنی ناک کے ساتھ اچھا سلوک نہیں کرتے اور نتیجتاً ناک بھی ترقی نہیں کر سکتی اس لئے ناک کو صرف سانس کی آمد و شد کے لئے چھوڑ دینا چاہیے۔ ناک سے سگریٹ کا دھواں بھی خارج کیا جا سکتا ہے۔ جو لوگ اپنی ناک کو غیر ضروری تکلیف نہیں دیتے وہ بسا اوقات کاروباری دنیا میں کسی اور شخص کی ناک کا بال سمجھے جاتے ہیں۔ جن لوگوں کے نتھنے پھولے

ہوئے ہوں اُنہیں چاہیے کہ سوتے وقت نتھنوں کو ناک کی درمیانی ہڈی کے قریب لاکر خود کار پلاسٹر (Adhesive Plaster) سے چپکادیں، (تھوڑا سا بالائی حصّہ سانس لینے کی غرض سے کھلا چھوڑ دیں) اور صبح ہی یاد رکھیے پلاسٹر نکال دیں۔ چند ہی دنوں میں پھولے ہوئے یقیناً سدھائے ہوئے جانوروں کی طرح قابو میں آجائیں گے۔ اور ناک خوبصورت دکھائی دینے لگے گی۔

قد بڑھانے کا نسخہ:۔ پستہ قد ہونا آج کل کے معاشی حالات کے لحاظ سے تو ایک ضروری فعل ہو گیا ہے کیونکہ پستہ قد لوگوں کے کپڑے کم خرچ میں تیار ہو جاتے ہیں لیکن صرف کفایت شعاری کی خاطر پستہ قد رہ جانا دانشمندی نہیں، در اصل اونچے قد کے لوگ زیادہ کارآمد مانے گئے ہیں۔ آدمی کا بلند قامت ہونا ضروری ہے چاہے وہ کتنا ہی پست ہمت کیوں نہ ہو۔ بلند قامت آدمی آسانی سے پولس اور ملٹری میں بھرتی ہو سکتے ہیں، مجمع میں تقریر کر سکتے ہیں۔ پستہ قد آدمیوں کو تقریر کرنے میں بھی تکلیف ہوتی ہے۔ اس بارے میں ایک واقعہ بہت مشہور ہے۔

کوئی صاحب تقریر کر رہے تھے۔ مجمع میں سے آواز آئی کہ آپ کھڑے ہو کر تقریر فرمائیے۔ مقرر صاحب نے فرمایا میں کھڑا ہی ہوا ہوں۔ پھر آواز آئی کہ آپ میز پر کھڑے ہو جائیے۔ مقرر صاحب نے جواب دیا، جی میں میز پر ہی کھڑا ہوں۔ اس واقعہ کے پیش نظر کوشش یہ کرنی چاہیے کہ

آدمی کم سے کم پانچ ساڑھے پانچ فٹ کا تو ہو۔ اس کے لئے آدمی کو طوالت کی عادت ڈالنی چاہئے۔ یعنی یہ کہ وہ لمبی لمبی باتیں کرے۔ لمبی تان کر سوئے۔ دفتر میں ملازم ہو تو معمولی کام کو بھی لمبا کھینچے۔ شاعر ہو تو بحرِ طویل میں غزلیں اور نظمیں کہے۔ سیاح ہو تو طویل سفر کرے۔ صبح شام لمبی واک کے لئے جائے۔ دوستوں کو طویل خطوط لکھے۔ ان تمام باتوں کا آدمی کے قد پر اثر پڑتا ہے اور آدمی کے سرو قامت اور شمشاد قد ہو جانے کا قوی امکان ہے۔

لکنت دور کرنے کا نسخہ:۔ جن لوگوں کو لکنت کا مرض لاحق ہو جاتا ہے وہ بڑے گھاٹے میں رہتے ہیں۔ بالخصوص ایسے موقعوں پر جب کہ انہیں غصہ آتا ہے اور وہ تیزی سے ڈانٹ ڈپٹ نہیں کرسکتے اُن کی حالت کچھ زیادہ اچھی نہیں ہوتی۔ لکنت کے مرض کا تعلق زبان سے زیادہ نرخرہ اور نرخرہ کے اطراف واکناف کے رگ و ریشہ سے ہوتا ہے جن کی ماہیت کو سمجھنے کے لئے حیوانیات Zoology کے مطالعہ کی ضرورت ہے۔ اس تکلیف دہ مطالعہ سے بچنا چاہیے اور اصل مرض کے علاج پر توجہ کرنا چاہیئے۔ لکنت دور کرنے کے لئے آدمی کو جنگل میں جاکر بآواز بلند تقریر کرنی چاہیئے۔ تقریر کرنے کے لئے جنگل کوئی بری جگہ نہیں۔ روزانہ ایک گھنٹہ بلا وقفہ تقریر کرنا' نرخرہ اور نرخرہ کے اطراف واکناف کے رگ وریشہ کو مضبوط بنانے کا عمدہ نسخہ ہے۔ لکنت کے مریضوں کو چاہیئے کہ وہ فصیح اور عمدہ گالیاں دینے کی بھی

مشق کریں۔ ماہرین لسانیات کا کہنا ہے کہ انسان کی زبان گالیاں دینے کی فطری صلاحیت رکھتی ہے۔ بچہ سب سے پہلے گالیاں ہی سیکھتا ہے اور اس معاملہ میں اس کی زبان بڑی صفائی سے اُلٹتی ہے۔ حجام ہوں یا حکّام سبھی تیزی کے ساتھ گالیاں دیتے ہیں اور گالیاں دیتے وقت اُن کی زبان کی روانی پر رشک آتا ہے۔ لکنت کے مریضوں کو لونگ یعنی فلفل دراز کا سفوف بھی پانی میں ملا کر پینا چاہیے اور دوا کے ساتھ ساتھ خضوع وخشوع سے دُعا بھی مانگنی چاہیے۔ اللہ میاں کو جب احساس ہوگا کہ لکنت کا مرض عبادت اور دعا کے مشغلہ میں بھی حارج ہوتا ہے اور دعا سننے میں خود اُن کا وقت ضائع ہوتا ہے تو وہ ضرور مریض سے مہربانی کے ساتھ پیش آئیں گے۔

ٹرین ایک نغمہ

آدمی نے تو گویا شرم دھو کر پی ڈالی ہے اور جانتے بوجھتے وہ ریل کے تھرڈ کلاس ڈبے میں سفر کرتا نظر آتا ہے۔ آدمی اتنا گر جائے گا کسے پتہ تھا۔ ایک طرف تو وہ چاند کی طرف اُڑا جا رہا ہے اور دوسری طرف اس کا یہ حال ہے کہ ٹرین کے سفر میں اس کی صورت نہیں پہچانی جاتی کبھی کبھی ہم سوچتے ہیں کہ وہ آدمی جو چاند پر اُڑتا ہے کیا وہی آدمی ہے جو تھرڈ کلاس میں سفر کرتا ہے۔

میجر گگارین کی شہرت ہمارے نزدیک لایعنی ہے۔ ذرا اُن سے تھرڈ کلاس میں سفر کرنے کے لئے کہئے تو پتہ چلے گا کہ موصوف کتنے پانی میں ہیں۔ مہینوں اعلیٰ قسم کی تربیت پانے اور ایک سے ایک قیمتی ٹانک کھانے کے بعد نہایت آرام اور تزک و احتشام کے ساتھ خلا کے سفر پر روانہ ہونا اور وہاں سے بامراد واپس ہونا کون سا ایسا معرکہ سر کرنا ہے جس کی اتنی دھوم دھام ہے۔ کیا میجر صاحب موصوف کبھی کھڑکی میں اُلٹے لٹک کر ٹرین کے ڈبہ میں سوار ہوئے ہیں۔ ایک مرتبہ ایسا کرنے جائیں تو سارا کھایا پیا ناک کے راستے نکل آئے اور میجری دھری کی دھری رہ جائے۔

اور صرف ٹرین کے ڈبے میں داخل ہوجانا ہی کافی نہیں۔ اُنھیں یا تو اپنا بستر اپنے سر پر رکھ کر ایک ٹانگ پر لیٹرن کے نزدیک کھڑا رہنا ہوگا، یا اگر وہ کہیں ٹھس پھنسا کر بیٹھ بھی گئے تو اُن پر مزید دو مسافر اور سوار ہو نگے اور پھر سانس کی آمد و شد کے لئے آکسیجن مہیا نہ ہوگی۔ اس حالت میں اُنھیں کم سے کم اٹھارہ گھنٹے سفر کرنا ہوگا، یہ نہیں کہ چند منٹ میں نڈھال ہو کر واپس ہو گئے۔ ٹکٹ کے دام بھی اپنی گرہ سے ادا کرنے ہوں گے۔ اگر وہ منزلِ مقصود پر بخیر و عافیت پہنچ گئے تو اُنہیں میجر سے بریگیڈیر بنا دینے کا ذمہ ہمارا۔ لیکن ہمیں یقین ہے کہ میجر صاحب اگر صرف ریلوے پلیٹ فارم پر جا کر معائنہ موقعہ فرمالیں تو چیں بول جائیں۔ تھرڈ کلاس میں سفر کرنا ہرایرے غیرے کا کام نہیں۔ غالب نے اس بارے میں فرمایا ہے

دم لیا تھا نہ قیامت نے ہنوز
پھر ترا وقتِ سفر یاد آیا

ہمیں اکثر اس بات کا بھی خیال آتا ہے یہ سرکس دکھانے والے کس بنا پر عوام سے اتنا روپیہ بٹور لیتے ہیں وہ دکھاتے ایسا کونسا بڑا کمال ہیں کہ اُن پر یوں بے دردی سے روپیہ نچھاور کیا جائے۔ چلتی ہوئی سیکل پر کھڑے ہوجانا، دوڑتے ہوئے گھوڑے پر چڑھ جانا، جھولے سے لٹک جانا کوئی ایسے بڑے یا نادر کمالات نہیں جو ہم تھرڈ کلاس میں سفر کرتے ہوئے نہیں کرتے یا کر سکتے۔ آدمی اپنی نادانیوں میں اگر یونہی گرفتار رہا تو ایک دن یقیناً پچھتائے گا۔ سرکس دیکھنے کے شوقین لوگوں کو

چاہیئے کہ وہ کسی بھی ریلوے پلیٹ فارم پر ہنگامہ دیکھنے پہنچ جایا کریں۔

ہم اپنے آپ کو بہت زیادہ عقلمند نہیں سمجھتے اور آپ بھی شاید اس معاملہ میں ہماری تائید کریں اور کہیں کہ ایسا کرنے میں ہم حق بجانب ہیں لیکن واقعی کبھی کبھار ہم ایسی عمدہ تجاویز پیش کر دیتے ہیں کہ سننے والے اور بالخصوص سمجھنے والے حیرت زدہ ہو جاتے ہیں اور سوچتے ہیں کہ ایسی تجویز اُن کے ذہن میں کیوں نہیں آئی۔ بات کچھ لمبی چوڑی نہیں ہمیں ایک دوست کے بچے کی شرکت کے سلسلہ میں اسکول کے فادر سے ملنا تھا ملاقات ہوئی اور جب فادر نے یہ فرمایا کہ اُن کا اسکول کوئی مولیشی خانہ نہیں جہاں بچوں کو بلا لحاظ تعداد داخلہ دے دیا جائے۔ ہم نے فادر کی اس بات کے مضمرات پر غور کرنے کے بعد اُن سے صرف اتنا ہی کہا کہ محترم! بچے کو داخلہ نہ ملے تو کوئی حرج نہیں کیونکہ ہم پڑھ لکھ کر کون سے عالم فاضل ہو گئے ہیں جو بچہ بغیر پڑھے نقصان میں رہیگا لیکن کیا یہ نہیں ہو سکتا کہ ہ گھنٹے کے اسکول میں بچوں کو بیٹھنے کی بجائے کھڑے رہ کر پڑھنے کے لئے کہا جائے۔ اس انتظام سے آپ کے اسکول میں ایک ہزار کی بجائے دو ہزار بچے پڑھ سکیں گے۔ اسکول کو دوہری فیس ملے گی اور فرنیچر کا سارا خرچ بچے گا۔ پانچ گھنٹے کھڑا رہنا بچوں کیلئے کیا مشکل ہے۔ کھڑے رہنے کی یہ مشق کرکیٹ میں فیلڈنگ کے کام بھی آئے گی۔ ہماری یہ بات سن کر فادر کی آنکھیں کھلی کی کھلی رہ گئیں۔ بلکہ ساتھ میں منہ بھی کھل گیا۔

اُس نے دل میں سوچا ہوگا کہ واقعی یہ شخص قابل ہے اور ایک نہیں کئی بچوں کا باپ بننے کا مستحق ہے۔ لیکن انگریز ہونے کے ناطے اُس نے زبانی اظہار خوشنودی کرتا، اپنی قوم کے لئے اور قوم کے وقار کے لئے مُرضر سمجھا لیکن بات ہی چونکہ ہم نے کام کی کہی تھی وہ پوچھنے پر مجبور ہوگیا کہ کیا ایسا ممکن ہے اور آیا یہاں اس بات کی اجازت مل جائے گی کہ بچے کھڑے رہ کر تعلیم پائیں۔ ہم نے کہا کہ آپ کو اجازت وجازت کے جھگڑے میں جانے کی ضرورت نہیں بس آپ اسکول پر تھرڈ کلاس کا بورڈ لگوا دیجئے ہر قصور معاف کر دیا جائے گا۔ افسانہ کی نئی ٹیکنک یہ ہے کہ بات ادھوری چھوڑ دی جائے۔ ہم بھی اس داستان کو یہیں چھوڑتے ہیں اور آپ سے دریافت کرتے ہیں کہ تجویز عمدہ ہے یا نہیں جب آدمی تھرڈ کلاس میں گھنٹوں سفر کر سکتا ہے تو پھر آدمی کا بچہ اسکول میں کھڑے رہ کر تعلیم کیوں نہیں حاصل کر سکتا۔ آپ دیکھ لیجئے گا کہ آئندہ چل کر ایسا ہوتا ہے یا نہیں۔

کبھی آپ نے یہ سوچا ہے کہ آخر یہ تھرڈ کلاس کا ڈبہ آپ کے کس جُرم کی سزا ہے۔ آپ معقول آدمی ہیں سمجھ بوجھ رکھتے ہیں۔ کھاتے کماتے ہیں کسی کا دل نہیں دکھاتے کسی کو آنکھیں نہیں دکھاتے۔ وقتاً فوقتاً نماز بھی پڑھ لیتے ہیں۔ شادی بیاہ کے موقعہ پر تحفہ دینے سے بھی اعتراز نہیں کرتے۔ اتنا سب کچھ ہونے کے باوجود پھر آپ کو کیوں تھرڈ کلاس میں سفر کرنا پڑتا ہے۔ ہاں آپ نے کوئی قصور کیا ہے۔ کسی کو چندہ نہیں

دیا ہے ۔ الکشن میں ووٹ دینے سے گھبرائے ہیں ۔ مردم شماری کے موقعہ پر چھپ گئے ہیں، جھوٹ کہنے میں پیچھے ہٹے ہیں۔ کسی کی غیبت نہیں کرتے قرض لینے سے گھبراتے ہیں، تب تو بھئی ٹھیک ہے کہ آپ کو تھرڈ کلاس میں سوار کروادیا جائے اور آپ یہ سزا بھگتیں لیکن تھرڈ کلاس کا سفر تو عام ہوگیا ہے جیسے دنیا کا ہر آدمی قصوروار ہے ۔ ہم تعیش پسند نہیں آرام طلب نہیں، کاہل الوجود نہیں لیکن اتنی سخت محنت اپنے بس کی نہیں ۔ کیا فرہاد کو دودھ کی نہر کاٹ کر لانے میں اتنی ہی محنت کرنی پڑی تھی ۔ کیا ہمالہ پہاڑ کی چوٹی پر چڑھتے وقت تن سنگھ کو جان کا اتنا ہی خطرہ تھا جتنا کہ تھرڈ کلاس ڈبہ میں ہوتا ہے ۔ ارنا بھینسے سے کشتی لڑنا شیر سے ہاتھا پائی کرلینا، بحیرۂ عرب میں تیراکی کرنا، اپنی عزت کے لئے کسی سے ڈوئل لڑنا، روپے اور شہرت کی خاطر مکہ بازی کے مقابلہ میں حصہ لینا اور جان سے گزر جانا، سب سمجھ میں آنے والی باتیں ہیں اور ان سب کے پیچھے کوئی نہ کوئی مقصد ہے لیکن کوئی ہمیں یہ سمجھائے کہ بیٹھے بٹھائے تھرڈ کلاس میں سفر کرنے کا کیا مُدعا ہے ۔ آدمی کو اللہ تعالیٰ نے اشرف المخلوقات بنایا ہے اور زندگی کے ہر شعبہ میں اُسے اپنی شرافت کا خیال رکھنا چاہیئے ۔ ہم مانتے ہیں کہ تھرڈ کلاس میں سفر کرنا کسی طرح بھی بُل فائٹنگ یا ہیوی ویٹ چمپین شپ سے کم نہیں لیکن بتلایئے کہ سوائے ہمارے اور آپ کے اور کون اس حقیقت کو تسلیم کرتا ہے ۔ کیا کبھی تھرڈ کلاس میں سفر کرنے والوں کو ہار پھول پہنائے گئے ہیں کیا

کسی بلدیہ نے ان کے اس کارنامہ پر انہیں سپاسنامہ پیش کیا ہے کیا کسی اخبار نے اُن کی تصویر چھاپی ہے۔ جب ایسا اب تک نہیں ہوا اور نہ ایسا ہونے کا آئندہ کوئی امکان ہے تو پھر کس خوشی میں یہ سفر انجام دیا جاتا ہے۔ آدمی پہلے اتنا سرپھرا تو نہ تھا۔ عشق کے چکر میں پڑ کر مجنوں بن جانا خدا سے لو لگا کر تارک الدنیا ہو جانا' یا زندگی سے عاجز آ کر خودکشی کر لینا یہ ایسی باتیں ہیں جن کا کوئی جواز ہو سکتا ہے لیکن تھرڈ کلاس کے سفر کی کوئی معقول وجہ سمجھ میں نہیں آتی۔ یہ نہ عمل کی تعریف میں آتا ہے نہ فعل کی۔ یہ مجرد بد اعمالی ہے۔

آدمی واقعی اب بہت اوچھا ہو گیا ہے۔ ہم نے تو اس غم میں پان کھانا اور سگریٹ پینا چھوڑ دیا ہے اور اس فکر میں ہیں کہ

مقدور ہو تو ساتھ رکھیں نوحہ گر کو ہم

شعرگوئی

شعرگوئی اصل میں ایک مرض ہے جو رقیق القلب لوگوں کو لاحق ہوا کرتا ہے۔ اس مرض کے لاحق ہو جانے پر طبیعت میں لاأبالی پن، بے راہ روی اور اسی قبیل کی دوسری خصوصیات بکثرت پیدا ہو جاتی ہیں۔ طبیعت زیادہ تر رونے اور بلبلانے کی طرف مائل ہونے لگتی ہے۔ جب طبیعت بہت زیادہ بگڑنے لگتی ہے تو شاعر کم از ارادہ کے کسی آدمی کو پکڑ کر اُسے شعر سننے کی سزا دیتا ہے اس طریق عمل سے اختلاج قلب میں کمی واقع ہوتی ہے اور گھبراہٹ سننے والے میں منتقل ہو جاتی ہے شاعر کی زد میں جو شخص آجاتا ہے اس کا بچنا بالعموم محال سمجھا جاتا ہے شعر سُنانے سے پہلے شاعر نثر میں تمہید اور شانِ نزول وغیرہ قسم کی باتیں بالتفصیل بیان کرتا ہے۔ بیچ بیچ میں اشعار کی تفسیر اور تشریح بھی کرتا جاتا ہے اس طریقہ سے وقت نہ سانی کے ساتھ ضائع ہوتا ہے شاعر زیادہ تر تحسین ناشناس سے خوش ہوا کرتا ہے اور اپنے شعر کی داد پاکر ٹھہانے سپنے دیکھا کرتا ہے۔ شعرگوئی کی عادت جب کسی شخص میں پوری طرح سرایت کر جاتی ہے تو اچھا خاصہ آدمی پٹری سے اُتر جانے والی

ٹرین یا فٹ پاتھ پر چڑھ جانے والی بس کی مانند نظر آنے لگتا ہے اُس نوبت پر شعر کہنے والا پروازِ تخیل کے سہارے زندگی گزارنا شروع کرتا ہے۔ شاعر کی صحت بھی تیزی سے گرتی جاتی ہے لیکن شاعر کو صرف اسکی فکر رہتی ہے کہ کوئی مصرعہ وزن سے نہ گر جائے۔ شعر گوئی کا مرض جب نقطۂ عروج پر پہنچ جاتا ہے تو شاعر' غذا' لباس اور نیند کی قیود سے آزاد ہو جاتا ہے۔ اصل میں یوں کہنا چاہیئے کہ شعر گوئی ایک موڑ ہے جہاں سے شریف آدمیوں کے بھٹکنے کے لئے کئی راستے نکلتے ہیں۔ اُس موڑ پر پہنچنے کے بعد اگر آدمی ایک وقت کسی راستے پر بھٹک جائے تو اس کا دوبارہ سنبھلنا مشکل ہے' یہ راستے مختلف سمتوں میں جاتے ہیں جن میں سے اہم غزل' قصیدہ' اور ہجو وغیرہ ہیں۔

غزل :۔ غزل ایران کی پیداوار ہے۔ غزل میں عاشقی کی باتیں کہی جاتی ہیں لیکن محبوب کو ہمیشہ مذکر ہی کہا جاتا ہے۔ غالباً عورتوں کے بارے میں غزل گوئی عورتوں کی بے پردگی یا شاعروں کی کم ہمتی کا باعث سمجھی جاتی تھی' یہ رواج اب بھی جاری ہے۔ پتہ نہیں کس سنہ میں غزل ہندوستان میں داخل ہوئی لیکن غیر ممالک سے درآمد ہونے والی اشیاء میں جو مقبولیت غزل کو ہندوستان میں حاصل ہوئی وہ کسی اور شئے کو میسر نہیں ہوئی۔ سنا گیا ہے کہ ہندوستان میں پہلی غزل حضرت امیر خسرو نے کہی۔ اس واقعہ کو صدیاں گذر گئیں لیکن اُن کا یہ قصور اب تک نہیں بخشا گیا۔ اب تک اس ملک میں جتنی غزلیں کہی گئی ہیں

اُن کی تعداد ستر ہ ارب تبلائی جاتی ہے اور یہ تعداد صرف اُن غزلوں کی ہے جو چھپ چکی ہیں ۔ یوں سمجھیے آج کا ہندوستان غزلوں ہی کے سہارے زندہ ہے ۔

ہر غزل گو جیسا کہ وہ خود بیان کرتا ہے' عاشق جانباز ہوا کرتا ہے اور عشق کے بارے میں ایک مشہور شاعر غالبؔ غالبؔ نے کہا ہے ع

کہتے ہیں عشق جس کو خلل ہے دماغ کا

اور اس عظیم شاعر کے بارے میں ایک نقاد نے لکھا ہے کہ اس کا دیوان ہندوستان کی دوسری مقدس کتاب ہے ۔ ان مقولوں کی روشنی میں ہم جیسے دو اور دو کو چار سمجھنے والے لوگ اس نتیجہ پر پہنچتے ہیں کہ غزل گوئی خلل دماغ ہی کی پیداوار ہے ۔ خلل دماغ میں جب زیادہ ترقی ہونے لگتی ہے تو غزل کا رنگ نکھرتا جاتا ہے اور شاعر ہر قسم کا شعر کہنے لگتا ہے اور سمجھتا ہے کہ اس میں تغزل ہی تغزل ہے ۔ جس شعر میں تغزل آجائے اُس میں پھر معنی و مطلب کی ضرورت نہیں رہتی کیونکہ تغزل کے علاوہ غزل میں کسی اور چیز کا ہونا نہ ہونا ایسا ہی ہے جیسے شیروانی کے اندر قمیص پہننا یا نہ پہننا ۔ غزل کہتے کہتے جب شاعر تغزل میں ڈوب جاتا ہے تو شاعر کی زندگی اُچاٹ ہو جاتی ہے ۔ اُسے بڑے بڑے خواب دکھائی دینے لگتے ہیں اور وہ کسی بھی لمحہ مرجانا پسند کرنے لگتا ہے ۔ یہی وہ منزل ہے جہاں غزل کا ہر شعر نشتر بن جاتا ہے اور جب ایسے بہتر نشتر جمع ہو جاتے ہیں تو ایک دیوان تیار ہو جاتا ہے ۔

غزل یوں تو ہر جگہ بولی اور سنی جا سکتی ہے لیکن غزل کی صحیح جگہ محفل مشاعرہ ہے۔ مشاعرہ اس محفل کو کہتے ہیں جس میں بکثرت شاعر بوقت واحد جمع ہوں اور ہر شاعر دو دو تین تین غزلیں سنانے کا ارادہ رکھتا ہو۔ غزل گوئی کے میدان میں شاعر کی قابلیت کا امتحان لینے کی غرض سے مشاعرہ کرنے والے شریر النفس لوگ غزل کے لئے ایک طرح مصرعہ تجویز کرتے ہیں۔ اردو میں طرح مصرعہ پر شاعروں کو غزلیں کہنی پڑتی ہیں نئے نئے قافیے ڈھونڈنا یا ایک ہی قافیہ کو مختلف معنی و مطلب کیساتھ باندھنا' شاعر کی قادر الکلامی ظاہر کرتا ہے۔ طرحی مشاعروں میں کامیاب غزلیں سنانے کے بعد ایک معمولی قد و قامت کا شاعر لسان العصر وغیرہ قسم کا شاعر بن جاتا ہے اور اپنے شاگردوں کی ایک غیر قانونی جماعت بنا لیتا ہے۔ شاگردوں کی جماعت کے بن جانے کے بعد استاد الشعراء مشاعرہ میں کبھی تنہا شرکت نہیں کرتا بلکہ اُس کی ایما پر منتظمین مشاعرہ پر لازم ہوتا ہے کہ وہ دو چار شاگردوں کو بھی مشاعرہ میں شرکت کی دعوت دیں اور مصارف برداشت کریں۔

مرثیہ گوئی: جب کوئی بڑا آدمی مر جاتا ہے تو دردمند شاعر ایسے موقعہ کی تاک میں رہتا ہے۔ اپنا پورا زورِ کلام صرف کر کے ایک رُلا دینے والی نظم رقم کرتا ہے' ایسی نظم کو مرثیہ کہا جاتا ہے۔ مرثیہ کی فضا میں تاریک بادل چھائے رہتے ہیں۔ رنج والم کا دور دورہ رہتا ہے' بے کسی روتی اور بے بسی سر پیٹتی نظر آتی ہے جس میں سوگوار اور

دنیا بیمار ہوجاتی ہے۔ فلک آنسو بہانے لگتا ہے اور زمین کو چپ سی لگ جاتی ہے۔ یہ یاد رہے کہ اسی نظم کو جو صرف تعزیتی نظم ہوتی ہے مرثیہ کہا جا سکتا ہے ورنہ اصل میں مرثیہ ایسی طویل اور دردناک نظم مسلسل ہوتی ہے جو تاریخ کے کسی اہم واقعہ سے متعلق ہو اور اس نظم میں اس واقعہ کی ساری تفصیلات پر روشنی ڈالی گئی ہو۔ چند ایسے بھی شاعر گزرے ہیں جو فقط مرثئے ہی کہا کرتے تھے اور بعض صورتوں میں یہ مشغلہ کئی پشتوں تک جاری رہتا تھا۔ مرثیہ گوئی میں شاعر کی قابلیت کے اندازے کے لئے یہ دیکھا جاتا ہے کہ کونسا اور کس کا مرثیہ پڑھ کر یا سنکر آدمی زیادہ سے زیادہ آنسو بہا سکتا ہے۔

ہجو گوئی:۔۔ ہجو غیبت کی ایک اچھی قسم ہے۔ غیبت اس لئے معیوب ہے کہ غیبت کرنے والا چھپ کر کسی کی برائی کرتا ہے لیکن ہجو گو شاعر بہ بانگِ دہل دشمن پر وار کرتا ہے اور ایک مردِ مجاہد کی طرح اس کے نتائج کے لئے تیار رہتا ہے۔ ہجو گو شاعر کو سیاسی اصطلاح میں وزیرِ جنگ کہنا چاہئے جو سیفِ قلم سے مسلح ہو کر اقلیمِ ادب پر دھاوا بولتا ہے۔ امتدادِ زمانہ اور وٹامن کی کمی کی وجہ سے اب اس فن کی وہ شان باقی نہیں رہی ورنہ پہلے زمانہ میں ہجو گو شعرا جمعیت تلامذہ کو ہمراہ لیکر اپنے حریف کی سرکوبی کے لئے ایک محلہ سے دوسرے محلہ کی طرف کوچ کیا کرتے تھے اور شرفائے شہر کو امن و صلح کے لئے درمیان میں آنا پڑتا تھا ہندوستان کی مقدس سرزمین پر ایک وقت ایسا بھی گزرا ہے جب

یہاں صرف ہجو گوئی ہوا کرتی تھی اس زمانہ کے بارے میں مورخ نے لکھا ہے کہ ملک آباد اور رعایا شاد تھی۔

قصیدہ گوئی: ــــ قصیدہ ہر شخص کی مرغوب شے ہے بالخصوص حاجیوں میں قصیدہ کی اشتہا زیادہ ہوتی ہے اس لیے کہا گیا ہے "تو مرا حاجی بگو من ترا حاجی بگویم"۔ اپنی تعریف سننے کے لیے لوگ بڑی بڑی ریاضتیں کرتے ہیں۔ قرض لے کر دعوتیں دیتے اور ریس کھیل کر امدادی اسکول یا دواخانے قائم کرتے ہیں۔ پہلے زمانہ میں جب کہ "شاہی" عام تھی بادشاہ بغیر قصیدہ سنتے ہوئے امور سلطنت انجام نہ دے سکتے تھے۔ یہ بھی مشہور ہے کہ قصیدہ سن کر یہ لوگ عالم کیف و سرور میں قصیدہ کہنے والے کو عوام کے روپیہ میں دفن کر دیتے تھے۔ سونے چاندی میں تلواتے تھے اور باضابطہ وظیفہ مقرر کر دیتے تھے۔ یہی وجہ ہے کہ پہلے زمانہ میں قصیدہ کہنا ایک معزز پیشہ سمجھا جاتا تھا۔ ان قصیدہ گویوں کے چشم و چراغ اب بھی موجود ہیں اور کسی نہ کسی بڑے آدمی کے ساتھ منسلک ہو جاتے ہیں۔ انھیں اپنی زندگی گزارنے کے لئے کوئی کام کرنے کی ضرورت پیش نہیں آتی۔ قصیدہ کی تعریف مختصراً یوں کی جا سکتی ہے کہ زیادہ سے زیادہ الفاظ میں مبالغہ کا اظہار ہے۔

غزل، مرثیہ، ہجو اور قصیدہ کے علاوہ شعر گوئی کے اور بھی ڈھنگ ہیں اور کم سے کم وقت میں بھی شاعری کی جا سکتی ہے۔ قطعہ گوئی عدیم الفرصتی کی عمدہ مثال ہے۔ مسائل حاضرہ۔ کرکٹ میچ۔ غلہ کی گرانی۔ مکانات کی قلت بارش کی زیادتی غرض ہر بات پر ایک قطعہ کہا جا سکتا ہے۔

مواعظ مولانا یوسف ناظم

مولانا یوسف ناظم حال حال تک شاعری اور مضمون نگاری میں مبتلا رہے ۔ بہت دنوں تک وہ جناب یوسف ناظم اور پھر شری یوسف ناظم رہے لیکن نہ جانے پچھلے سال اُن پر کیا بیتی کہ وہ یک لخت مولانا بن گئے ۔ سُنا جاتا ہے کہ انھوں نے اپنی شاعری کے بل بوتے پر حضرت یوسف ناظم بننے کی بڑی کوشش کی تھی لیکن اس معاملہ میں یار لوگوں نے ان کی ایک نہ چلنے دی اور اس قسم کے سارے القاب کہیے یا خطاب' خود آپس میں بانٹ لیے اور بیچارے یوسف ناظم کو اِن کی ہوا بھی نہیں لگنے دی ۔ حالانکہ یوں دیکھا جائے تو یوسف ناظم کے حضرت بن جانے کی وجہ سے شعروادب کے کسی نقصان کا احتمال نہ تھا ۔ لیکن پتہ نہیں لوگ کیوں اتنے محتاط ہو گئے تھے ۔ تاہم یوسف ناظم نے ہار نہیں مانی اور یہ سوچ کر کہ اگر وہ حضرت نہیں بن سکتے تو کم سے کم مولانا بننے سے تو دنیا کی کوئی قوت انھیں روک نہیں سکتی انھوں نے مولانا بننے کا فیصلہ کر لیا ۔

مولانا بننے سے پہلے کہا جاتا ہے وہ کافی شریف تھے ۔ لوگوں میں اُٹھتے بیٹھتے تھے ۔ ہنسنے بولنے میں بھی جھجک محسوس نہیں کرتے تھے ۔ بات چیت

اور نشست و برخاست میں تہذیب اور سلیقہ سے کام لیتے تھے۔ بڑوں کا لحاظ کرتے۔ ہم چشموں سے چشمہ لگا کر ملتے تھے، بچوں کا چچا بننے میں بھی انھیں عار نہیں تھا، عورتوں سے گفتگو کرتے وقت وہ نظر نیچی رکھتے تھے لیکن مولانا بننے کے بعد انھوں نے روایتی اور افسانوی انداز کی زندگی کو یکسر خیرباد کہہ دیا۔

مولانا بنتے ہی انھوں نے سب سے پہلے تو یہ کام کیا کہ اپنی گردن کو یوں اکڑا لیا جیسے نشاستہ پی کر قمیص کا کالر اکڑ جاتا ہے۔ چہرہ پہلے ہی اُن کا کچھ خوش نُما نہ تھا لیکن مولانا بننے کے ناطے انھوں نے عمداً اور احتیاطاً خشونت بھی طاری کر لی اور نیم چڑھا کریلا بن گئے۔ ہنسنا بولنا چھوڑ دیا، لیکن کھانے پینے کے معاملہ میں بکثرت فراخ دل ہو گئے۔ کہتے تھے دوسروں کے ہاں کھانا کھائے بغیر آدمی مولانا نہیں بن سکتا۔ بالخصوص دعوتوں کے موقعوں پر وہ بلا تکلف پہنچ جایا کرتے تھے۔ یہ اور بات ہے کہ کوئی دعوت نامہ اُن تک کبھی نہیں پہنچا۔ اس کے بارے میں اُن کا خیال تھا کہ پہنچے ہوئے بزرگ ایسے ہی ہوتے ہیں جو بن بُلائے پہنچ جایا کریں۔ مولانا یوسف ناظم کی اس پہنچی ہوئی بزرگی کی وجہ سے لوگوں نے دعوتیں دینا بند کر دیا، اور جب کسی تقریب کی بناء پر دعوت دینے پر مجبور ہو گئے تو نہایت خفیہ پیرایہ میں دعوت کا انتظام کیا۔ مولانا یوسف ناظم سے جب اس قسم کی دو تین خفیہ دعوتیں چھوٹ گئیں تو پہلے تو غائبانہ میں انھوں نے الداعیان اور اُن کے اہل و عیال کے حق میں بد دعا دی اور جب اس سے انھیں

تسکین نہ ہوئی تو پھر علی الاعلان گالیاں دیں۔ اس بارے میں وہ کہا کرتے تھے کہ ہر آدمی کو کچھ نہ کچھ دینے کی عادت رکھنی چاہئے۔ خواہ وہ بد دعا ہی کیوں نہ ہو۔ مولانا نے خفیہ قسم کی دعوتیں دینے والوں کی سرکوبی کے لئے شہر کے سارے باورچیوں اور کراکری کا سامان کرایہ پر دینے والوں سے تعلقات قائم کئے تا کہ یہ لوگ مولانا کو ہر دعوت کی بروقت اطلاع دے دیا کریں۔ مولانا کی یہ ترکیب بے حد کارآمد ثابت ہوئی۔ چنانچہ کہا جاتا ہے اس کے بعد شہر کی کوئی دعوت ان سے نہ بچ سکی۔ دعوتوں کے تعلق سے مولانا کی رائے یہ تھی کہ ولیمہ کی دعوت تو خیر ہوتی ہی عمدہ ہے لیکن چہلم کی دعوت کا مقابلہ نہیں کر سکتی۔

مولانا بننے سے پہلے یوسف ناظم کبھی کبھار سچ بول لیا کرتے تھے لیکن مولانا بننے کے بعد انھوں نے اس شغل سے توبہ کرلی۔ فرماتے تھے سچ بول کر کون اپنی "مولانیت" کو خطرہ میں ڈال دے۔ اُن کا یہ بھی خیال تھا کہ سچ صرف اُسی وقت بولنا چاہئے جب اس بات کا یقین ہو کہ سچ جھوٹ کے مقابلہ میں زیادہ تکلیف دہ ہوگا۔

مولانا نے چونکہ سچ بولنا چھوڑ دیا تھا اس لئے وعظ کا سلسلہ شروع کرنا انھوں نے بے حد ضروری سمجھا۔ ہر جگہ وعظ بیان کرتے اور بے حد خوش ہوا کرتے۔ اُن کا خیال تھا وعظ کرتے رہنے سے آدمی چاق و چوبند رہتا ہے۔ ان کے وعظ کا عام وعظوں کی طرح کوئی عنوان یا موضوع نہیں ہوا کرتا تھا۔ وہ کسی لمحہ بھی بولنا شروع کر دیتے تھے اور یہ کام سامعین کا

ہو تا کہ ان کے وعظ کا موضوع تلاش کریں۔ ہم تو بہرحال اب تک کسی ایسے شخص سے نہ مل سکے جو مولانا کے کسی وعظ کا موضوع متعین کر سکا ہو۔

مولانا یوسف ناظم بولتے وقت بہت بھولے نظر آیا کرتے تھے۔ اُن کے چہرہ کی معصومیت کسی خارجی آرایش کی محتاج نہ تھی۔ یہی وجہ ہے کہ انھوں نے داڑھی کا کبھی استعمال نہیں کیا۔ اس کے بارے میں اُن کی رائے تھی کہ آدمی کو فروعات سے بچنا چاہیئے وہ یہ بھی کہا کرتے تھے کہ داڑھی رکھنے سے آدمی کا چہرہ زیر بار ہو جاتا ہے۔ مونچھوں جیسی خوشنما چیز سے بھی انھیں دلچسپی نہ تھی۔ اس کی وجہ یہ بتاتے تھے کہ جب ہم مونچھوں پر تاؤ نہیں دے سکتے تو مونچھ رکھنے کا فائدہ؟؟ اس بات کا ذکر وہ ہر وعظ میں ضرور کرتے اور مونچھ والوں کو شرمندہ کر کے خوش ہوا کرتے۔ سر کے بال رکھنے کی البتہ انھوں نے کوشش کی لیکن بالوں نے ان کا ساتھ نہیں دیا۔ ان کی پیشانی دن بدن بلند ہوتی گئی۔ چندیا بھی نظر آنے لگی تھی لیکن ان باتوں کا مولانا کے وعظ پر کوئی اثر نہیں پڑا۔ ہم تو یہاں تک کہہ سکتے ہیں کہ ان کے وعظ سُن کر دوسروں کے سر کے بال جھڑنا شروع ہو گئے تھے۔ مولانا موصوف کے وعظ سُن کر اکثر لوگوں کو بیہوش ہوتے بھی دیکھا گیا۔ اس کی وجہ اصل میں یہ ہوا کرتی تھی کہ مولانا وعظ بھی کرتے تھے اور گرجتے بھی خوب تھے۔ بغیر گرج کے وہ کیا کرتے تھے' وعظ ایک مہمل سی چیز ہے۔ اُن کا خیال تھا جو شخص گرج نہیں سکتا برس بھی نہیں سکتا۔ اُن کی یہ بھی رائے تھی کہ اگر صرف گرجنے ہی سے

سننے والا ڈر جاتا ہے تو پھر برسنے کی ضرورت نہیں رہتی۔ وہ یہ بھی فرماتے تھے کہ اصولاً اور اخلاقاً برسنے سے پہلے آدمی کو گرج کر برس پڑنے کی اطلاع ضرور دے دینی چاہیئے یہ کیا کہ آؤ دیکھا نہ تاؤ اور برس پڑے۔

مولانا بڑی گہری باتیں کیا کرتے تھے، ان کے کئی وعظ مشہور ہو کر ضرب المثل بن گئے۔ کئی لوگ تو اُن کے وعظ کی نقل کرتے ہوئے پکڑے گئے اور سننے والوں نے ایسے نقال واعظوں کو درمیان ہی میں یہ کہہ کر ٹوک دیا کہ مولوی صاحب! اپنی کوئی بات فرمائیے۔ یہ تو ہم مولانا یوسف ناظم سے سن ہی چکے ہیں۔

ان مثالوں سے آپ مولانا کی مقبولیت کا اندازہ کرسکتے ہیں ان کا ایک وعظ تو اس قدر مشہور ہوا کہ شام اور مصر سے اس وعظ کے ریکارڈ کی فرمائشیں وصول ہوئیں۔ بالخصوص شام کے علاقہ میں اس وعظ کے ریکارڈ بکثرت فروخت ہوئے۔ یہ بات یہاں تک بڑھی کہ شام کی ہر صبح مولانا یوسف ناظم کے وعظ کے ریکارڈ سے شروع ہونے لگی۔ اِس کے علاوہ شام میں جب بھی نئی حکومت بنتی اور پرانی حکومت کے وزیروں کو سولی پر چڑھایا جاتا تو ان خوش نصیبوں کو مولانا کے اس وعظ کا ریکارڈ ضرور سنایا جاتا۔ اس غرض کے لئے شام والوں نے ان کے وعظ کا مقامی زبان میں ترجمہ بھی کروالیا تھا۔ اس وعظ میں یوں دیکھا جائے تو ہے کچھ نہیں۔ مولانا نے صرف اتنا فرمایا ہے کہ اے لوگو! مرنے سے پہلے ہو سکے تو اپنی صورت آئینہ میں دیکھ لو اور سوچو کہ کیا تم یہی شکل لے کر خدا کے سامنے جانے والے ہو۔ اگر تم آئینہ میں

اپنی صورت غور سے دیکھنے کے بعد اس نتیجہ پر پہنچو کہ تم اس ڈھب کی صورت لے کر اللہ میاں کے حضور میں نہیں جاسکتے تو اے لوگو! یہ سمجھ لو تمہارا کام بن گیا۔ وہاں پہنچکر اللہ میاں سے تم یہی عرض کرنا لیکن دست بستہ کہ خداوندا! یہی صورت لے کر تو ہم دنیا میں گئے تھے۔ جب اس شکل کیساتھ ہمیں دُنیا جیسی جگہ جانے میں کوئی اعتراض نہ ہوا تو پھر یہاں واپس لوٹ آنے میں ہماری کیا خطا ہے۔ اور خداوندا! گرفت تو دنیا والوں کی زیادہ سخت ہے۔ وہاں تو سمجھ ہی میں نہیں آتا کہ آدمی کرے کیا؟ جھُوٹ بولے تو سزا بھگتے۔ سچ کہے تو نقصان اُٹھائے۔ دھوکہ دے تو ڈرے، دھوکہ نہ دے تو خود دھوکہ کھائے اور اے خدا! عمر خیام نے اپنی ایک رباعی میں کیا خوب کہا......... " بس اسی قسم کی باتیں اس وعظ میں ہیں۔

سُنا گیا ہے کہ سولی چڑھنے والے اس وعظ کو سنتے اور خوشی خوشی سولی چڑھ جاتے۔ عام موقعوں پر سامعین یہ وعظ سنکر غش غش کر اُٹھتے تھے اور انھیں پکڑ پکڑ کر بٹھانا پڑتا تھا۔ خود مولانا اس وعظ کو بہت پسند فرماتے تھے۔ بعض انتہا پسندوں کا کہنا ہے کہ ایسے بھی تھے جنھیں کسی قسم کی سزا نہیں دی گئی تھی یا نہیں دی جا سکتی تھی مولانا کا یہ وعظ سُن کر سولی پر چڑھ جانے کی خواہش کا اظہار کیا کرتے تھے۔

مولانا دُنیادی مسائل کے بارے میں بھی بڑے عمدہ خیالات کا اظہار فرمایا کرتے تھے۔ شادی کے تعلق سے ایک مرتبہ مولانا نے فرمایا تھا

"ہندوستان میں شادی اس لیے کی جاتی ہے کہ پہلی شادی سے شادیوں کا سلسلہ شروع کیا جا سکتا ہے' اور یورپ میں شادی اس لئے کی جاتی ہے کہ شادی سے پہلے طلاق ممکن نہیں" مولانا کے سارے مواعظ اسی قسم کی باتوں سے بھرے پڑے ہیں۔

مولانا نے وقت کی کبھی پرواہ نہیں کی۔ گھنٹوں بے تکان بولتے وہ فرماتے تھے کہ اگر دو آدمی ایک وقت جمع ہو جائیں تو مجمع ہو جاتا ہے۔ اس لئے سامعین کی تعداد کی بھی انہوں نے کبھی پرواہ نہیں کی وہ بلا تکلف اپنا وعظ شروع کر دیتے اور لوگ سانس کی طرح آتے اور جاتے رہتے۔

مولانا کے وعظ کی سب سے بڑی خوبی یہ تھی کہ وہ لوگ جو زندگی سے بیزار تھے اُن کا وعظ بڑی توجہ اور دلچسپی سے سنتے اور جو لوگ زندگی سے بیزار نہیں تھے اُن کا وعظ سُن کر بیزار ہو جاتے۔ مولانا کو خود بھی اپنے وعظ کی اس خصوصیت اور خوبی کا اندازہ تھا۔ لیکن وہ فرماتے تھے کہ اگر میں وعظ کرنا چھوڑ دوں تو زندگی سے بیزار لوگوں کے لئے دنیا میں کیا دلچسپی رہ جائے گی۔ لوگ کہتے مولانا اُن لوگوں پر تو رحم کیجئے جو آپ کا وعظ سُن کر زندگی سے بیزار ہو جاتے ہیں۔ مولانا یہ سُن کر پہلے تو مسکراتے۔ داڑھی تو اُن کے تھی نہیں تھوڑی پر ہاتھ پھیرتے کیونکہ مولانا کو تسبیح پھیرتے نہیں دیکھا گیا۔ اُن کا کہنا تھا آدمی کو کچھ نہ کچھ پھیرتے رہنا چاہیئے۔ تھوڑی پر ہاتھ پھیرنے کے بعد بھی

وہ ایک دم کچھ نہ کہتے۔ جب یہ محسوس کر لیتے کہ اُن کا مخاطب اب کچھ نہ کچھ سننے کے لئے بے چین ہو گیا ہے تو فرماتے اگر میں وعظ نہ کروں تو یہ دنیادار لوگ زندگی میں اور زیادہ دلچسپی لینے لگیں گے اور یہ زندگی سے جتنا زیادہ پیار کریں گے دنیا اتنی ہی زیادہ گندی ہوتی جائیگی مولانا کے مخاطب کو جوں ہی شبہ ہوتا کہ اب مولانا وعظ سے ہٹ کر فلسفہ بیان کرنا شروع کرنے والے ہیں تو وہ فوراً مولانا کو کسی ہوٹل میں لے جا کر چائے اور پیسٹری سے اُن کی تواضع کر دیتا۔ مشہور ہے کہ پیسٹری مولانا کی کمزوری تھی۔ پیسٹری کو دیکھ کر مولانا برف کی طرح پگھل جایا کرتے تھے۔ کہتے تھے کہ جو لوگ پیسٹری کے بغیر چائے پیتے ہیں وہ بغیر ترجمہ کے قرآن شریف پڑھتے ہیں۔ مولانا پان بھی بڑے شوق سے کھاتے تھے اور اُن کے پان کی پیک اُن کے اپنے کپڑوں پر کبھی نہیں گری۔ پان البتہ ہمیشہ ایک دن پہلے کے لگے کھاتے تھے۔ فرماتے تھے "زہرِ عشق" جب سے پڑھی ہے وہی پان کھانے کو جی چاہتا ہے جو کل کے لگے ہوں:۔۔۔۔

شہریت

علم شہریت اور شہری :۔

علم شہریت وہ علم ہے جس سے ناواقف رہ جانے کی بنا پر آدمی انسان بننے سے محروم رہ جاتا ہے اور اپنی روزمرہ زندگی میں غلطیوں پر غلطیاں ہی کرتا چلا جاتا ہے۔ علم شہریت سے ناواقف شخص نہ تو اپنے گھر والوں کو خوش رکھ سکتا ہے نہ ہی اپنی سسرال والوں میں پسندیدہ نظروں سے دیکھا جاتا ہے۔ یہی وجہ ہے کہ پچھلے چند برسوں سے علم شہریت کی تعلیم مدرسوں میں عام کر دی گئی ہے ۔ علم شہریت ہی سے پوری طرح واقفیت حاصل کرنے کے بعد ہم اپنی عملی زندگی میں کامیاب اور سرخرو رہ سکتے ہیں۔ علم شہریت کے ذریعہ ہم نہ صرف اپنے حقوق سے واقف ہوتے ہیں بلکہ ہم میں دوسروں کے حقوق بھی غصب کرنے کی صلاحیت پیدا ہو جاتی ہے اور یہی چیز زیادہ اہم ہے۔ اپنے حقوق سے واقف ہونے پر ہم صرف اپنی کرسی حاصل کر سکتے ہیں لیکن دوسروں کا حق غصب کرنے کے بعد تو ہم انصاف کی کرسی پر بھی بیٹھ سکتے ہیں۔ یہ بیباکی اور یہ بلند نظری صرف علم شہریت کا عطیہ ہوتی ہے۔ یہ اگر آپ نہیں سیکھتے تو

مزے سے گھر بیٹھئے اور پاپڑ بیلا کیجئے۔ کسی مُلک یا علاقے کے باشندے اُسی وقت سچے شہری کہلائے جاسکتے ہیں جب اُنھیں یہ معلوم ہو جائے کہ حکومت کے خزانے میں بیٹھنے والے روپے میں سے کس طرح اپنا حق نکالا جاسکتا ہے۔ اُنھیں یہ بھی معلوم ہونا چاہئے کہ دواؤں میں کس قسم کی آمیزش کی جانی چاہئے۔ مرغی کے انڈوں کے نام سے کچھوے کے انڈے کس طرح بیچنا چاہئے۔ املی کا بیج پیس کر کس قدر گیہوں کے آٹے میں ملانا چاہئے۔ سچے شہریوں کو یہ بھی معلوم ہونا چاہئے کہ نشہ بندی کے زمانے میں سب سے زیادہ منفعت بخش تجارت شراب ہی کی ہوسکتی ہے۔ انھیں اپنی فرم کے تین یا کم سے کم دو مختلف حساب نامے رکھنے کا بھی فن آنا چاہئے یہ معمولی باتیں اگر کوئی شخص نہیں سیکھ سکتا ہے تو اُسے علم شہریت کی بجائے وظیفے اور اشلوک سیکھنے چاہئیں۔ علم شہریت نادانوں پر ضائع کیے جانے کی چیز نہیں۔ علم شہریت وہ نادر اور نایاب علم ہے جس کے بغیر یوں معلوم ہوتا ہے:

جیسے ہر شے میں کسی شے کی کمی پاتے ہیں ہم

علمِ شہریت کا مقصد:

علم شہریت کے یوں تو مقصد کئی اور بے شمار ہیں لیکن دو ان میں اہم ہیں۔ پہلا تو یہ کہ نظری طور پر یعنی زبانی سمجھا بجھا کر لوگوں کو ان اُمور سے واقف کرایا جائے جن کا ذکر اوپر کیا گیا ہے تا کہ مُلک کے رہنے

بسنے والے ملک و قوم کی خدمت کے بہانے کم سے کم خود کے زندہ رہنے کا بندوبست کرسکیں۔ اگر ہر شخص ایسا کر سکے تو حکومت کا کتنا بار کم ہو جائے۔ علم شہریت کا یہ بھی مقصد ہے کہ آدمی کو روزمرہ زندگی گزارنے کا واجبی اور معقول ڈھنگ سکھایا جائے۔ علم شہریت کے ابتدائی اسباق میں یہ بتلایا جاتا ہے کہ کرسی پر بیٹھنے کا صحیح اور مہذب اسٹائل یہ ہے کہ دونوں ٹانگیں اپنے ساتھ کرسی پر رکھی جائیں۔ پاؤں زمین پر نہ ٹکنے پائیں۔ اس طرح پاؤں کی بے ادبی ہوتی ہے۔ اگر صرف ایک ٹانگ اوپر رکھنی مقصود ہو تو وہ اس طرح رکھنی چاہیئے کہ خود کا جوتہ مخاطب کے منہ کی طرف رہے۔ سڑک پر چلتے وقت اس طرح تھوکا جائے کہ پیچھے سے آنیوالا یا بازو سے گزرنے والا پوری طرح مستفید ہو سکے۔ اگر آدمی دو چار دوستوں کے ساتھ سڑک پر چل رہا ہو تو سب کو اس طرح کندھے سے کندھا ملا کر چلنا چاہیئے کہ آنے جانے والوں کو اُن کی اجازت لے کر چلنا پڑے اور دور سے دیکھنے والوں کو ایسا معلوم ہو کہ ملیٹری کی پریڈ ہو رہی ہے۔ اس طرح مل کر چلنے سے قومی یکجہتی کا اظہار ہوتا ہے۔ فرصت ہو تو سڑک پر کھڑے رہ کر مطالعہ فرمانا چاہیئے۔ اگر دوست احباب میسر ہوں تو سیاسی بحث بھی کرنی چاہیئے۔ کوئی عورت سڑک سے گزر رہی ہو تو پہلے اُسے گھورنا چاہیئے پھر کھانسنا چاہیئے۔ اس قسم کی ضروری اور مصلحت آمیز کھانسی نہ تو مضر ہے اور نہ ممنوع۔ اور اس کے بعد سیٹی بجانی چاہیئے۔ گانا آتا ہو تو کسی فلمی گیت کے شروع کے بول گنگنا چاہیئے مثلاً ۔

بھول سکتا ہے بھلا کون یہ پیاری آنکھیں ۔ یا یہ کہ ۔۔۔ تم چاند سے زیادہ روشن ہو تم پھول سے زیادہ نازک ہو ۔۔۔۔۔۔ ٹرین میں چڑھتا ہو تو اترنے والے مسافروں کا حلیہ بگاڑ دینا چاہئے ۔ ٹرین میں داخل ہونے کے بعد برتھ پر قبضہ کرکے کم سے کم دس آدمیوں کو کھڑا رکھنا چاہئے ۔ اخبار ہمیشہ مانگ کر پڑھنا چاہئے ۔ ریڈیو دوسرے کے گھر پر جا کر سننا چاہئے ۔ جو آدمی بھی ہاتھ پر گھڑی لگائے ہوئے پایا جائے اُس سے وقت ضرور پوچھنا چاہئے ۔ سگریٹ کی اگر عادت ہو تو ماچس ہمیشہ دوسرے کی استعمال کرنی چاہئے گھر کا کوڑا کرکٹ بلا تامل سڑک پر پھینکنا چاہئے ساتھ ہی ساتھ میونسپلٹی کی بدانتظامی کی شکایت بھی کرنی چاہئے ۔ عام بیت الخلاؤں کی دیواروں پر عمدہ اور نئی نئی گالیاں لکھنی چاہئے بلکہ ہو سکے تو اپنے محلّہ کے اہم واقعات کا خلاصہ بھی ان دیواروں پر لکھنا چاہئے کیونکہ سادہ دیواریں بالکل بیکار ہوتی ہیں بلکہ ممکن ہے ان کے کان بھی نہ ہوتے ہوں ۔

علم شہریت کا دوسرا اہم مقصد عملی تربیت دینا ہے ۔ عملی تربیت کے ذریعہ عوام کو اُن کی اپنی ذمہ داریاں پوری کرنے کی تدبیریں سکھلائی جاتی ہیں ۔ عملی تربیت پالینے کے بعد آدمی ہر کام بائیں ہاتھ سے کر سکتا ہے ۔ مشہور ہے کہ پرانے زمانہ میں ایسے لوگوں کی پہچان کے لئے بادشاہ ان کا داہنا ہاتھ ہی کٹوا دیا کرتے تھے ۔ علم شہریت کی عملی تربیت کے بعد بم بنانے، ریل کی پٹریاں اکھاڑنے ریل گاڑیاں جلانے، بنک لوٹنے اور پل اڑانے وغیرہ قسم کے کام آسانی کے ساتھ انجام دئے جا سکتے ہیں ۔ علم شہریت سے پوری طرح واقف ہونے کے لئے عملی تربیت کا پہلو بڑی اہمیت رکھتا ہے ۔ یہ امر یاد رکھنا چاہئے کہ شہریت

بننے کے لئے صرف نظری تعلیم کافی نہیں۔ عملی تربیت میں جو بھی روپیہ صرف ہوتا ہے یوں سمجھنا چاہئے کہ وہ راہ خدا میں خرچ ہوتا ہے اور اس خرچ کا ثواب آدمی کو دنیا ہی میں مل جاتا ہے۔

شہریت کی تعلیم کے درجے :۔ شہریت کی تعلیم کا آغاز اصل میں غیر شعوری طور پر آدمی کے بچپن ہی کے زمانہ سے ہو جاتا ہے۔ اور بچپن سے پچپن تک برابر جاری رہتا ہے۔ اسی تعلیم کا طفیل ہے کہ بچے بڑے ہو کر باپ کو خبطی سمجھنے کے قابل ہوتے ہیں۔ شہریت کی تعلیم گھر سے شروع ہوتی ہے۔ ماں اپنے بیٹے کو باپ کی جیب سے پیسے نکالنا اور باپ اپنے لاڈلے کو ملاقاتیوں کو ٹالنے کی ترکیبیں سکھاتا ہے۔ اس طرح بچے میں چابک دستی اور حفاظت خود اختیاری کے اوصاف کی بنیاد پڑتی ہے چابکدستی کے بغیر زندگی گزارنی مشکل ہے جس کے ہاتھ میں چابک نہیں رہتا اُس ہاتھ میں اول تو روپیہ آتا نہیں اگر آتا ہے تو ٹکتا نہیں۔ گھر میں جو بچے ماں باپ سے علم شہریت کے یہ سبق پڑھ لیتے ہیں وہ آگے چل کر اچھے صناع، بزاز، جراح اور بعض ہوتو میں اونچے درجے کے مدبر اور سیاستداں ثابت ہوتے ہیں۔ گھر کے بعد محلہ میں دن رات ہونے والی محفلوں اور بیٹھکوں میں بچے کا دماغ بنتا ہے۔ دماغ میں کیڑے کلبلانے لگتے ہیں، دل میں قوت پیدا ہوتی ہے۔ نبض کی رفتار بنتی ہے۔ جسم میں مختلف قسم کے جراثیم پیدا ہوتے ہیں۔ ان نہ دکھنے والے ہتیاروں سے مسلح ہو کر بچہ میونسپلٹی کے اسکول میں داخل ہوتا ہے جہاں اُسے یہ سکھایا جاتا ہے کہ

عمل سے زندگی بنتی ہے جنت بھی جہنم بھی

بچہ فوراً سمجھ جاتا ہے کہ اس مصرعہ میں "جنت بھی جہنم بھی" کے الفاظ زیادہ ہیں

عمل سے زندگی بنتی ہے، یہ بات اُس کی سمجھ میں آسانی سے آجاتی ہے اور بچہ مختلف قسم کے اعمال میں مبتلا ہونا شروع کر دیتا ہے۔ میونسپلٹی کے اسکول کی تعلیم، مکمل شہری بنانے کے لئے کافی نہیں لیکن اسکول کی تعلیم کے دوران میں جو عادتیں بنتی ہیں وہی بچوں کی آئندہ زندگی میں کام آتی ہیں۔ مثلاً غبی اور کند ذہن ہونا عملی زندگی میں سیول عہدہ دار بننے اور رسز لکے طور پر کھڑے رہنے کی مستقل مشق فوجی افسر بننے کے کام آتی ہے۔ مدرسہ کے رجسٹر میں حاضر اور مدرسہ سے غائب رہ کر سیر و تفریح کی عادت بھی آئندہ زندگی میں بڑی مفید ثابت ہوتی ہے اور اس قسم کے لڑکے گھوڑے کے آگے گاڑی جوت کر بھی دکھا سکتے ہیں۔

مدرسہ کی تعلیم کے بعد آدمی اعلیٰ تعلیم کے دروازے پر پہنچتا ہے اسے زندگی کا ایک موڑ کہہ لیجئے۔ یوں بھی اب زندگی میں سوائے موڑ کے اور رہا کیا ہے، یونیورسٹی کی تعلیم کیا ہے اچھی خاصی قلعی ہے، برتن کتنا ہی گیا گزرا کیوں نہ ہو آئینہ کی طرح چمکنے لگتا ہے۔ اعلیٰ تعلیم شہری بننے کے لئے اتنی ہی ضروری ہے جتنی کہ کیلے کو چھلکے کی۔ مدرسہ کی تعلیم کی ساری قباحتیں یونیورسٹی کی تعلیم سے دور ہو جاتی ہیں۔ یہاں طالب علم اور استاد دوست ہوا کرتے ہیں اور آپ جانتے ہیں کہ دوستوں میں کبھی کبھار مار پیٹ بھی ہو جایا کرتی ہے۔ دوستوں میں تعظیم و تکریم کا سوال بھی نہیں پیدا ہوتا۔ دوستی کا رشتہ رسمیات کا پابند نہیں — تعینات کی حد سے پرے ہے اس کا مقام — طالب علم اگر استاد کی ٹوپی نہیں اُچھال سکتا تو یہ سمجھ لیجئے وہ کبھی بھی والی بال کا عمدہ کھلاڑی نہیں بن سکتا ثانوی اور اعلیٰ تعلیم اور گھر۔ بورڈنگ ہاؤز کی تربیت کے بعد تجربوں کا

دور دورہ شروع ہوتا ہے اور عملی زندگی میں آدمی جتنا تجربہ کار ہوتا جاتا ہے اسی حساب سے وہ اونچے درجے کا شہری بنتا جاتا ہے۔ عملی زندگی میں داخل ہونے کے بعد بالخصوص اگر وہ کسی دفتر میں کام کرتا ہے تو دفتری سیاست کا ماہر بن جاتا ہے۔ سازش کا منصوبہ بنانے کی اُسے ضرورت پیش نہیں آتی بلکہ سازش روزانہ کا معمول بن جاتی ہے اور جس دن کسی دفتر میں کوئی سازش نہیں ہوتی اُس دن گویا دفتر میں کوئی کام ہی نہیں ہوا۔ دفتر میں علی العموم ہر شخص ایک دوسرے کا مخالف ہوتا ہے۔ بعض سمجھ دار لوگ علیحدہ علیحدہ گروپ بنا لیتے ہیں بعض نادان کسی گروپ میں شریک ہونا پسند نہیں کرتے اور بعض ہر گروپ کے ممبر ہوتے ہیں۔ ایک گروپ دوسرے گروپ کی مخالفت کے ساتھ دفتر کا کام شروع کرتا اور مخالفت ہی میں کام ختم کرتا ہے۔ اس طریق کار سے نظم و نسق برقرار رہتا اور اہل غرض خوش رہتے ہیں۔ اگر کسی دفتر میں ایسا نہ ہو تو ایڈمنسٹریشن کے بری طرح متاثر ہونے کا ہر لمحہ خطرہ رہتا ہے اور ایڈمنسٹریشن وہ چیز ہے جس پر ہر سچا شہری قربان ہو جانا پسند کرتا ہے۔ دفاتر کی عملی تربیت کے ساتھ ساتھ سوسائٹی کی تربیت کا عمل بھی جاری رہتا ہے۔ سوسائٹی پہلے پہل تو معاشرہ کہلاتی ہے اور بعد میں دنیا بن جاتی ہے۔ دنیا والے کیا کہیں گے دنیا کیا سوچے گی اس بات کا خوف آدمی کے دل میں ہمیشہ رہتا ہے۔ دنیا کا یہ مستقل اور مسلسل خوف ہی دنیا کی سلامتی کا راز ہے ورنہ یہ دنیا کب کی ختم ہو چکی ہوتی۔ سوسائٹی کے اصول و ضوابط بڑے سخت ہوتے ہیں اور ان کی خلاف ورزی کی صورت میں آدمی کو بڑی بھاری قیمت ادا کرنی پڑتی ہے۔ سوسائٹی میں رہ کر آدمی من مانی نہیں کر سکتا۔

یہاں پہلے آدمی کو پھونکنا چاہئے اور پھر قدم رکھنا چاہئے۔ پرانے گھروں میں اسی لئے بچوں کو پانی بھی پھونک کر پلایا جاتا ہے تاکہ بچے آئندہ چل کر پھونک پھونک کر قدم رکھ سکیں۔ آپ جوا نہیں کھیل سکتے لیکن ریس میں اگر آپ روپیہ ہار جائیں یا دولت پالیں تو کوئی حرج نہیں۔ شراب نوشی جرم ہے ہاں قحبہ خانہ جانے میں مضائقہ نہیں کیونکہ قحبہ خانے لائسنس یافتہ مقامات ہیں۔ غلّہ پیدا نہ کریں تو کوئی نقصان نہیں، ہاں بازار کا بھاؤ قائم رکھنے کے لئے غلّہ ضائع نہ کیا جائے تو دنیا کے ڈوب جانے کا اندیشہ رہتا ہے۔ بہت زیادہ محنت کا کام کرنے والے کو بھی سوسائٹی میں اچھا مقام نہیں مل سکتا اس سے بہتر ہے کہ آدمی بے روزگار رہے۔ سوسائٹی کا اَن لکھا قانون نوشتۂ تقدیر سے بھی زیادہ اٹل ہوتا ہے۔ مہذب سوسائٹی اچھی عادتوں، رہن سہن کے بہتر طور طریق نشست و برخاست کے قاعدوں، بات چیت کرنے کے ڈھنگ اور عمدہ رسم و رواج سے بنتی ہے۔ مثال کے طور پر اپنے گھر میں خواہ چاروں طرف سے لوگ دیکھ سکتے ہوں آپ کو صرف انڈرویئر پہن کر رہنا چاہئے بلکہ صرف اس بنا پر کہ آپ دوسروں کو آسانی سے دکھائی دیتے ہیں آپ پر لازم ہے کہ تین چوتھائی سے زیادہ کی حد تک برہنہ رہیں۔ مردانگی اسی میں ہے۔ سب کے سامنے داتن بھی کرنا چاہئے۔ منہ دھوتے وقت بہت زیادہ چیخنا چلانا چاہئے۔ اس طرح نہ صرف سینہ اور منہ وغیرہ صاف ہو جاتا ہے بلکہ دیر تک سونے والے والے بھی جلد اٹھنے کی طرف راغب ہو جاتے ہیں۔ مختصر ترین اور مہین لباس میں غسل کرنا چاہئے۔ عورتوں کو بھی اس بات کا خیال رکھنا چاہئے کہ ان کے بلاوز کا سائز لمبائی میں ڈیڑھ انچ سے زیادہ نہ بڑھنے پائے۔ ڈیڑھ اینٹ کی جب مسجد بن سکتی ہے تو یہ معمولی بلاوز ہے۔ بلاوز

جتنا مختصر ہوگا اتنا ہی لوگوں میں عبادت اور پرستش کا جذبہ زیادہ ہوگا۔ اس کے علاوہ لمبے اور مکمل بلاؤز پہننے میں خواتین کے گھر کا بجٹ کپڑے کے اس اسراف کی وجہ سے ہمیشہ ڈانواں ڈول رہتا ہے۔ چھوٹے بلاؤز سے سب مرد خوش رہتے ہیں سوسائٹی کے یہ چھوٹے موٹے قاعدے نہیں خوبصورت لفافے ہیں جن میں اچھے شہری پوشیدہ ہوا کرتے ہیں۔ ان قاعدوں کے آگے دنیا بہت وسیع ہے۔ اور ع

سفینہ چاہئے اس بحرِ بے کراں کے لئے

شہریوں کی قسمیں : ۔ شہریت کی تعلیم کی ساری منزلیں اور مدارج طے کرنے کے بعد جب اچھا خاصا آدمی، شہری بن چکتا ہے تو اپنے رویے چال چلن اور پیشہ کے اعتبار سے علٰحدہ علٰحدہ قسموں میں تقسیم کیا جاسکتا ہے اور یوں تو شہریوں کی بے شمار قسمیں ہیں، بیسیوں فرقے ہیں لیکن ان کی بحیثیت مجموعی تین بڑی قسمیں بنائی جاسکتی ہیں :۔

(۱) وہ جو ملازمت پیشہ ہو (۲) وہ جو آزاد پیشہ ہو (۳) وہ جو کوئی پیشہ نہ رکھتا ہو

اول الذکر شہری کے لئے لازمی ہے کہ اس میں احساس ذمہ داری نہ ہو۔ ذمہ داری کے بوجھ کے ساتھ ساتھ اگر اس کا احساس بھی پیدا ہو جائے تو، ہنستی گاتی دُنیا، خانوش فلم بن جائے۔ صرف احساس ذمہ داری کا عدم وجود اس قسم کے شہریوں کی کامیاب زندگی کے لئے کافی نہیں۔ ان میں دراصل کسی قسم کا احساس نہیں پایا جانا چاہئے۔ احساس کا ذرا سا شائبہ بھی ان کے لئے مضر ہے۔ غیرت، حمیت اور اپنی ذات کا انھیں جب تک احساس رہیگا یہ اپنی زندگی میں اُبھر نہیں سکیں گے۔

آزاد پیشہ شہری اپنے پیشہ میں بالکل آزاد ہوا کرتا ہے۔ محمد حسین آزاد یا

ابوالکلام آزاد نہیں بلکہ واقعی آزاد۔ جیسے نخالص گھی ہوا کرتا ہے۔ آزاد پیشہ شہریوں کا فرض ہوتا ہے کہ وہ شہری آزادی، زبان و قلم کی آزادی، اور دوسروں کی دل آزاری کی آزادی کے لیے عمر بھر جد و جہد کرتے رہیں۔ سوڈے کی بوتلیں پھینکیں، پتھراؤ کریں، قانون بنائیں اور قانون شکنی کے راستے پیدا کریں۔ صرف تاجر ہوں تو ملک التجار بننے کی کوشش کریں۔ انکم ٹیکس ادا نہ کریں لیکن خیر خیرات کے کاموں میں سب سے آگے رہیں۔ ہر وہ چیز جو ناقابل فروخت ہو مہنگے داموں بیچیں، ووٹ جو کسی جگہ نہ بکتے ہوں سستے داموں خریدیں۔ ایورویدک پڑھی ہو تو دیہاتوں میں ایلوپیتھک پریکٹس کریں۔ کچھ نہ پڑھا ہو تو لوگوں کے ہاتھ کی لکیریں ہی پڑھا کریں اور ہتھیلی میں جنت دکھلائیں۔ اسپورٹس سے دلچسپی ہو تو سٹہ کھیلیں سیر و سیاحت کے شوقین ہوں تو اسمگلنگ کریں۔ عوام کے ذوق کو بلند کرنا ہو تو اسٹنٹ فلمیں بنائیں۔ فلمی گیت لکھیں۔ کچھ نہ کرنے کو جی چاہتا ہو تو کلچرل پروگرام کے کنٹراکٹر بن جائیں۔

آزاد پیشہ شہریوں کو اگر جذبۂ شہرت زیادہ ستائے تو انھیں اس کے علاوہ اور بھی بہت کچھ کرنا چاہئے۔ اُن کو چاہئے کہ ہر مسئلہ کو سیاسی مسئلہ بنائیں دو بچے پتنگوں کے لئے لڑ رہے ہوں تو اسے فرقہ وارانہ رنگ دے دیں۔ استاد اور طالب علم میں ٹیوٹوریل کے مسئلہ پر جھڑپ ہوگئی ہو تو طالب علموں کی بے عزتی کا نعرہ بلند کریں۔ پیدل چلنے والے کو موٹر کا دھکا لگ گیا ہو تو موٹر والے کو زندہ جلا دینے کے لئے پبلک کو آمادہ کریں اور اس کے بعد خود چلتی بس میں بھاگ کر

سوار ہو جائیں۔ بس جہاں نہ ٹھیرتی ہو وہاں کود کر اُتر جائیں۔ جیب میں پیسے رکھنے کی استطاعت نہ ہو تو چاقو رکھیں۔

تیسرا شعبہ اُن معزز شہریوں کا ہے جو کوئی پیشہ نہیں رکھتے۔ یہ طبقہ اب بیٹھتا جا رہا ہے، ورنہ حال حال تک دنیا کی باگ ڈور انہی لوگوں کے ہاتھ میں تھی۔ اس قبیل کے شہریوں کی زندگی کا انحصار ان کے شجرہ پر ہوتا ہے جو کبھی بالراست اور کبھی بالواسطہ "پدرم سلطان بود" سے ملتا ہے۔ ان کے اسلاف نے اپنے زمانہ میں بڑے بڑے کارنامے انجام دیئے تھے۔ سینکڑوں شادیاں کی تھیں ۔۔۔ خود کی ۔۔۔ لاکھوں نذرانے قبول کئے تھے۔ از راہ کرم گستری، بیسیوں زمینات کو اپنایا تھا ۔۔۔ بنظر انصاف ۔۔۔ اور کروڑوں انسانوں کو ناکوں چنے چبوائے تھے ۔۔۔ بغرض تفریح ۔۔۔ یہ طبقہ اب معدوم ہوتا جا رہا ہے لیکن کوئی پیشہ نہ رکھنے والے شہریوں کی ہر ملک کو ضرورت رہی ہے بغیر کسی پیشے کے زندہ رہنا بڑا مشکل فن ہے اور صرف ذہین لوگ اس درجہ کو پہنچ سکتے ہیں ایسے جینیئس جس ملک میں نہ ہوں وہ ملک پس ماندہ سمجھا جاتا ہے۔ سب سے اعلیٰ ذات کا شہری وہی ہوتا ہے جو کام کچھ نہ کرتا ہو لیکن عیش ضرور کرتا ہو۔

(ختم)